"现代企业精细化管理"

班组长培训标准教程

班组长
质量管理
培训教程

第2版

杨 剑 吴平新 编著

U0319657

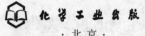

化学工业出版社

·北京·

内 容 简 介

为了提高班组长的质量意识和质量管理水平，本书将班组长质量管理培训分为八个标准模块，主要包括：树立正确的质量管理理念、必须掌握的质量管理工具、懂得质量检验方法、掌握现场质量管理要点、积极开展 QC 小组活动、严控不合格品的产生、了解质量管理体系与认证，以及积极参与质量改进。

本书每个培训模块都是相对独立的一个知识单元，读者既可以从头到尾阅读，也可以单看一章、一节，甚至一个具体问题的解答。对于已经掌握的知识，也可以直接跳过，或者选择感兴趣的内容进行阅读。

本书适用于企业内部培训或培训公司对企业进行培训，也可供企业员工和管理人员自学参考。

图书在版编目（CIP）数据

班组长质量管理培训教程 / 杨剑，吴平新编著. —2版. —北京：
化学工业出版社，2023.2
"现代企业精细化管理"班组长培训标准教程
ISBN 978-7-122-42575-1

Ⅰ.①班⋯　Ⅱ.①杨⋯②吴⋯　Ⅲ.①班组管理 - 质量管理 -
技术培训 - 教材　Ⅳ.①F406.6

中国版本图书馆 CIP 数据核字（2022）第 220397 号

责任编辑：廉　静　王听讲　　　　　　　装帧设计：王晓宇
责任校对：赵懿桐

出版发行：化学工业出版社（北京市东城区青年湖南街13号　邮政编码100011）
印　　装：三河市延风印装有限公司
710mm×1000mm　1/16　印张12¾　字数233千字　2023年7月北京第2版第1次印刷

购书咨询：010-64518888　　　　　　　　售后服务：010-64518899
网　　址：http://www.cip.com.cn
凡购买本书，如有缺损质量问题，本社销售中心负责调换。

定　　价：54.00元

目前世界经济竞争有两条路径：一是信息化，另一是工业升级。而工业升级就是"工业4.0革命"。新一轮国际博弈将围绕"工业4.0革命"来进行，"工业4.0革命"是当今大国崛起的必由之路，世界经济和政治版图将因此发生深刻变革！

中国对接"工业4.0革命"的具体措施，就是"中国制造2025"，"中国制造2025"是中国政府实施制造强国战略第一个十年的行动纲领。2016年4月国务院常务会议通过了《装备制造业标准化和质量提升规划》，要求对接"中国制造2025"。

"中国制造2025"提出，坚持"创新驱动、质量为先、绿色发展、结构优化、人才为本"的基本方针，坚持"市场主导、政府引导、立足当前、着眼长远、整体推进、重点突破、自主发展、开放合作"的基本原则，通过"三步走"实现制造强国的战略目标：第一步，到2025年迈入制造强国行列；第二步，到2035年中国制造业整体达到世界制造强国阵营中等水平；第三步，到新中国成立一百年时，综合实力进入世界制造强国前列。

"中国制造2025"战略落地的关键在人，尤其是处于末端管理的班组长的管理水平，直接决定了中国制造的水准。这套"'现代企业精细化管理'班组长培训标准教程"，就是专门为生产制造企业实现管理转型和提升管理水平而撰写的系列书。该系列书包括《班组长基础管理培训教程》《班组长现场管理培训教程》《班组长人员管理培训教程》《班组长质量管理培训教程》《班组长安全管理培训教程》，对班组长的综合管理、现场管理、人员管理、质量管理、安全管理的基本方法和技巧进行了全面而又细致的介绍。

这是一套汇集了当前中国企业管理先进的管理理论和方法，并且简明易懂、实操性很强的优秀之作，是企业职工培训的必选教材，也是企业管理咨询和培训的参考读物。我们相信，"'现代企业精细化管理'班组长培训标准教程"的出版，对提升我国企业的管理水平会有积极的推动作用。

（胡俊睿）

（中国航天科工集团）

当今的世界，是开放的世界，各行各业充满竞争。一个企业要想在竞争中立于不败之地，靠的是优良的产品质量和服务。所以说，质量是企业生存的基石，质量是企业发展的"金钥匙"。

班组长是连接中层管理者与员工的桥梁，班组长质量管理能力强弱，必将影响产品质量、成本、交货期和效率，甚至关系到企业的经营成败。为了提高班组长的质量意识和质量管理水平，我们编写了这部《班组长质量管理培训教程》。

质量管理的内容很多，这方面的图书也不少，为了给工作在生产第一线的班组长提供一本既有系统性，更有实用性的培训教材，我们走访、调研了很多企业，并进行了深入的思考和认真的讨论，最后决定从质量管理的直接目的——"顾客满意"入手进行编写。本书旨在培养班组长树立正确的质量管理理念，详细介绍了常用的质量管理工具、质量检验方法、现场质量管理经验，对 QC 小组活动、不合格品的控制、质量管理体系与认证、质量改进等内容也进行了简单的介绍，这些内容都是班组长必须掌握的质量管理知识。

为了便于企业内部培训或培训公司对相关人员进行培训，我们把本书编成课程形式，每节内容有若干个问题，每个问题都是一个相对独立的知识模块。读者既可以从头到尾阅读，也可以单看一章或一节，甚至一个具体问题的解答。对于已经掌握的知识，也可以直接跳过，或者选择感兴趣的内容进行阅读。

本书是以美的集团股份有限公司、深圳长城开发科技股份有限公司、深圳亿利达商业设备有限公司和某大型军工企业等单位的管理流程和方案为蓝本编撰而成，具有很强的实用性。在本书编写过程中，我们还深入深圳富代瑞科技公司、深圳双通电子厂等中小企业进行了实地考察和讨论，对于这些企业的大力支持表示衷心感谢！

本书主要由杨剑和吴平新编著，在编写过程中，刘志坚、王波、赵晓东、许艳红、黄英、蒋春艳、胡俊睿、邱昌辉、贺小电、张艳旗、金晓岚、戴美亚等同志也参与了部分工作，在此表示衷心的感谢！

相信本书对战斗在企业生产一线的广大班组长或希望成为班组长的骨干员工，都是一本很实用的读物。如果您在阅读中有什么问题或心得体会，欢迎与我们联系。我们的联系邮箱是：hhhyyy2004888@163.com。

杨 剑

2023 年 2 月

目录

CONTENTS

第一章

树立正确的质量管理理念

质量管理有三个层次的目的：一是生产优质合格的产品，确保产品质量；二是满足顾客的要求，扩大市场占有率；三是降低生产及管理成本，实现利润最大化。

"生产优质合格的产品，确保产品质量"不是企业经营的终极目的，只是"满足顾客的要求，扩大市场占有率"的手段，企业生产经营的终极目的是"利润最大化"。在正常途径中，要实现"利润最大化"的终极目的必须通过"满足顾客的要求，扩大市场占有率"来实现。

所以，了解"顾客满意度"是质量管理的第一要务。

第一节 / 什么是正确的质量理念

一、做得"好"

质量，就是产品或服务的优劣程度，即一组固有特性满足用户要求的程度。

记得从前有一种布料叫"的（确）卡"，因为其耐磨性超强，很难破损，在衣料短缺时代，农民们对其赞不绝口，称之为"质量好"。但现在"的（确）卡"已经淘汰，因为现代社会布料的耐磨性已经不太重要，布料美观及穿着舒适的重要性大大提升。

所以"质量好"在不同时代，人们赋予其含义是不同的。在商品经济早期，"质量好"更加注重的是物理特性上满足需要，例如，一台洗衣机如果被冠以"质量好"，主要表现在耐用上，即使用寿命长。

二、做得"对"

当商品经济和社会发展到一定阶段后，对于生产厂家来说，在产品物理特性对人们的满足已经成为基本的属性要求以后，"质量好"就不仅仅是物理强度符合要求这么简单了，更要求其产品在设计上美观，使用上符合人性化，服务上满足要求。即"质量好"不仅仅是物理特性上的"好"，还要做得"对"，符合消费者的"口味"。

例如图 1-1 所示，这个插座看起来很结实，但是两个插口的间距太小，存在设计缺陷。

又如现在市面上有些蚊香的设计不科学，在一盘蚊香中的两卷蚊香因有粘连，分开时往往容易折断（图 1-2）。

再如现在的衬衣，其商标大都缝在脖颈处。这些商标多数为硬布制作，或能引起过敏，或能让你百爪挠心，并且还太不容易拆除。设计者只考虑了厂家商标的宣传，却忽视了消费者的利益（图 1-3）。

所以，现在的商品，不能只要求物理属性过关，还要讲究真正符合消费者的需要。

图 1-1　插座

图 1-2　蚊香

图 1-3　衬衣商标

三、做得既"好"又"对"

质量的内容十分丰富，随着社会经济和科学技术的发展，质量的内容也在不断充实、完善和深化，同样，人们对质量概念的认识也经历了一个不断发展和深化的历史过程。

美国著名的质量管理专家朱兰（J. M. Juran）博士从顾客的角度出发，提出了产品质量就是产品的适用性，即产品在使用时能成功地满足顾客的需要的程度。顾客对产品的基本要求就是适用，他认为适用性恰如其分地表达了质量的内涵。

美国质量管理专家克劳斯比从生产者的角度出发，把质量概括为"产品符合规定要求的程度"。

美国质量管理大师德鲁克认为"质量就是满足需要"。

全面质量控制的创始人菲根堡姆认为，产品或服务质量是指营销、设计、制造、维修中各种特性的综合体。这个定义有两方面的含义，即使用要求和满足程

3

度。人们在使用产品时，总会对产品质量提出一定的要求，而这些要求往往受到使用时间、使用地点、使用对象、社会环境和市场竞争等因素的影响，这些因素变化会使人们对同一产品提出不同的质量要求。因此，质量不是一个固定不变的概念，而是动态的、变化的、发展的；它随着时间、地点、使用对象的不同而不同，随着社会的发展、技术的进步而不断更新和丰富。

顾客对产品的使用要求的满意程度，主要集中在产品的性能、经济特性、服务特性、环境特性和心理特性等方面。因此，质量是一个综合的概念。它并不要求技术特性越高越好，而是追求诸如性能、成本、数量、交货期、服务等因素的最佳组合，即所谓的最适当，也就是要求做得既"好"又"对"。

第二节 / 树立"顾客满意"的质量管理理念

一、顾客与顾客要求

1. 什么是顾客

（1）顾客的定义。在《现代汉语词典》中，顾客的"顾"是拜访、光顾的意思，"客"是指应以客礼相待的来宾、客人。顾客泛指到商店或服务行业购买东西或要求服务的组织和个人。因此，凡是已经来购买和可能来购买产品或服务的单位和个人都可以算是顾客。国际标准化组织（ISO）将顾客定义为：接受产品或服务的组织或个人。

（2）顾客的分类。

①按接受产品的所有者情况分为内部顾客和外部顾客两类。

a. 外部顾客。指组织外部接受产品或服务的组织和个人。例如，消费者、委托人、零售商和最终使用者等，包括最终消费者、使用者、受益者或采购方。外部顾客可分为忠诚顾客、游离顾客、潜在顾客等。

b. 内部顾客。指组织内部依次接受产品或服务的部门和人员。内部顾客可以是产品生产流水线上的下一道工序的操作者，也可以是产品或服务形成过程中下游过程的部门，或者是帮助顾客使用产品的代理人，包括股东、经营者、员工。根据"接受产品的组织或个人"这一定义，在一道生产线中，接受上一道工序的产品的下一道工序可理解为上一道工序的顾客。

② 按接受产品的顺序情况分为过去顾客、目标顾客和潜在顾客三类。

a. 过去顾客：已接受过产品的顾客。

b. 目标顾客：正在接受产品的顾客。

c. 潜在顾客：可能接受产品的顾客。

2. 什么是顾客需求

（1）定义。顾客需求是指顾客的目标、需要、愿望以及期望。这些需求构成了项目的最初信息来源。

（2）演化探究。任何社会经济时代的产生和发展，都是生产力发展和人类需求不断升级、创新及其相互作用的产物。21世纪进入"微创新"时代，顾客需求更加成为企业产品"微创新"的主要创造依据或来源。

① 产品经济时代，产品供不应求，顾客以农产品作为经济提供品来满足生存的需要。

② 商品经济时代，商品日渐丰富，顾客需求开始变得苛刻起来，商品质量和技术含量的提升引起他们的关注，这一时期主要以工业产品作为主要经济提供品来满足生存和安全等较低层次的需要。

③ 服务经济时代，商品经济空前繁荣，顾客对服务的需求不断增加，对服务的品质日益挑剔。顾客对社会地位、友情、自尊、态度的追求，使得高品质的服务成了满足他们需求的主要经济提供品。

④ 体验经济时代，随着社会生产力水平、顾客收入水平的不断提高，需求层次也有了进一步的升华，产品和服务作为提供品已不能满足人们精神享受和发展的需要。从社会总体上看，顾客需要通过更加个性化、人性化的消费来实现自我。因此，顾客的需求也随之上升到了"自我实现"层次。

（3）产生。主要有自然驱动力、功能驱动力、人的自身经验总结、人际交往活动、经营活动等。顾客由学习而产生需求，为现代推销学引导、影响、教育与创造需求奠定了理论基础。了解顾客需求也是做好营销工作的第一步。

（4）层次。美国心理学家马斯洛认为，人的需求从低到高分为7个层次，即生理需求、安全需求、友爱与社交需求、尊重需求、求知需求、对美的需求和自我实现的需求。这种层次规律启发推销人员应向不同的顾客推销产品不同的使用价值和差别优势。

（5）特点。一般而言，服务企业的顾客在服务需求方面具有以下特点。

① 各层次的顾客有可识别的人口统计特点。企业可以总结归纳出某一层次的顾客最显著的、不同于其他层次消费者的人口统计特点，用以确切地识别顾客，帮助企业了解该类顾客的需求特点、行为模式与偏好。

② 不同层次的顾客需要不同档次的服务，愿意为不同服务水平和质量支付不同的价格。

③ 不同层次的顾客对相同的服务有不同的反应，对企业的利润率会有不同的影响。较高层次的顾客对新服务的反应更强烈，更有可能增加购买量。

④ 不同驱动因素引起不同层次的顾客的购买行为并影响他们的购买量，企业可通过对不同层次的顾客提供差异化的服务组合，刺激顾客成为更高层次的顾客。

（6）类型。根据顾客需求的非对称性特点，可将顾客的需求分为必备需求、单向需求和吸引需求三类。

① 必备需求，是指顾客对企业提供的产品或服务因素的基本要求，是企业为顾客提供的承诺性利益。如果这些要求没有得到满足，顾客会非常不满意。相反，如果这些要求得到了满足，顾客也不会因此产生更高的满意度。

② 单向需求，是指顾客的满意状况与需求的满足程度成互相关的需求，是企业为顾客提供的变动性利益，如价格折扣。企业提供的产品或服务水平超出顾客的期望越多，顾客的满意状况越好，反之亦然。

③ 吸引需求，是指既不会被顾客明确表达出来，也不会被顾客过分期望的需求，是企业为顾客提供的非承诺性利益。但吸引需求对顾客满意度具有很强的正面影响，具有这类需求特征的产品或服务因素一旦得到满足，将会使顾客的满意度产生超比例的提升；相反，即使没有满足顾客的这类需求，顾客的满意度也不会明显下降。

一般来说，必备需求属性和吸引需求属性并不会作为重要的决策属性，因此这两类需求具有非关注性。对于必备需求属性来讲，顾客会认为所有的服务均应包含相应的功能，所以这类属性并不会作为决策依据，当必备需求都不能满足时，这类服务会被简单地排除在购买选择之外。与必备需求不同的是，吸引需求是超出顾客期望的需求，顾客在购买之前并不非常关注这类属性，因此，吸引需求并不会对顾客的购买决策产生重大影响，但是这类需求会使顾客产生新奇感，并有物超所值的感觉，从而使满意度提高。单向需求属性才是顾客关注的属性集合。必备需求的非对称性明确了企业在新服务开发过程中需达到的基本标准。吸引需求的非对称性明确了企业服务创新的方向。单向需求决定了企业现实的服务差异化定位。

二、顾客满意与顾客满意度管理

1. 什么是顾客满意度

顾客满意度是指一件产品的绩效满足顾客期望的程度。

① 顾客对其要求已被满足的程度的感受。顾客抱怨是一种满意程度低的最常见的表达方式，但没有抱怨并不一定表明顾客很满意；即使规定的顾客要求符合顾客的愿望并得到满足，也不一定确保顾客很满意。

现代营销学之父菲利普·科特勒认为，顾客满意"是指一个人通过对一个产品的可感知效果与他的期望值相比较后，所形成的愉悦或失望的感觉状态"。亨利·阿塞尔也认为，当商品的实际消费效果达到顾客的预期时，就导致了满意；否则，就会导致顾客不满意。

② 顾客期望值。从以上的定义可以看出，满意水平是可感知效果或测量分析后效果和期望值之间的差异函数。如果效果低于期望，顾客就会不满意；如果效果与期望相匹配，顾客就满意；如果效果超过期望，顾客就会高兴甚至惊喜，从而达到高度满意。

一般而言，顾客满意是顾客对企业和员工提供的产品和服务的直接性综合评价，是顾客对企业、产品、服务和员工的认可。顾客根据他们的价值判断来评价产品和服务，因此，菲利普·科特勒认为，"满意是一种人的感觉状态的水平，它来源于对一件产品所设想的绩效或产出与人们的期望值所进行的比较"。从企业的角度来说，服务顾客的目标并不仅仅止于使顾客满意，使顾客感到满意只是营销管理的第一步。美国维特科化学品公司总裁威廉姆·泰勒认为："我们的兴趣不仅仅在于让顾客获得满意感，我们还要挖掘那些被顾客认为能增进我们之间关系的有价值的东西。"在企业与顾客建立长期伙伴关系的过程中，企业向顾客提供超过期望的"顾客价值"，使顾客在每一次的购买过程和售后体验中都能获得满意。每一次的满意都会增强顾客对企业的信任，从而使企业能够获得长期的盈利与发展。

如果对企业的产品和服务感到满意，顾客也会将他们的消费感受传播给其他顾客，从而扩大产品的知名度，提高企业的形象，为企业的长远发展不断地注入新的动力。但现实的问题是，企业往往将顾客满意等于信任，甚至是"顾客忠诚"。事实上，顾客满意只是顾客信任的前提，顾客信任才是结果；顾客满意是对某一产品、某项服务的肯定评价，即使顾客对某企业满意也只是基于所接受的产品和服务令他满意。如果某一次的产品和服务不完善，顾客对该企业也就不满意了，也就是说，这仅仅是一个感性评价指标。顾客信任是顾客对该品牌产品以及拥有该品牌企业的信任感，他们可以理性地面对品牌企业的成功与不利。美国贝恩公司的调查结果显示，在声称对产品和企业满意甚至十分满意的顾客中，有 65%～85% 的顾客会转向其他产品，只有 30%～40% 的顾客会再次购买相同的产品或相同产品的同一型号。要让顾客满意，得遵循一个道理：顾客就是上帝。

2. 什么是顾客满意度管理

顾客满意度管理是 20 世纪 80 年代中期至 90 年代兴起的,以顾客满意为核心的管理和经营方式。顾客满意度管理是现代市场竞争和信息时代的管理理念、管理战略和管理方式的综合,是现代市场经济体制下组织管理的基本模式。它以顾客满意为关注焦点,统筹组织资源和运作,依靠信息技术,借助顾客满意度测量分析与评价工具,不断改进和创新,以提高顾客满意度,增强竞争能力,是一种寻求组织长期成功的、集成化的管理模式。

（1）顾客满意度管理的概念

经济全球化和社会信息化,使得现代企业管理面临来自顾客、竞争和变化三个方面的挑战。企业急需一种能够应付千变万化的市场、长期发挥效益的经营管理思想和管理战略,需要建立智能化的、适应性强的管理系统和运行机制,需要一种综合的、集成化的管理解决方案。当今世界日新月异,唯一不变的是企业必须适应顾客需求的变化。现代市场竞争,归根结底是对顾客的竞争。"关注顾客,让顾客完全满意"已成为企业在竞争中能否取胜的关键。现代信息技术的发展,为信息转化与知识共享提供了有效的支持平台,为企业了解顾客、测量顾客满意度、与顾客建立密切联系提供了强有力的支持。

正是在现代市场竞争和社会信息化的大背景下,客户服务管理（Customer Service Management,CSM）理念诞生了。近年来,ISO9000 质量管理体系标准的修订与发展,各国"国家质量奖"的设立,都把顾客导向作为管理的基调和组织的业绩指标,从而也使顾客满意导向的管理模式法制化。

（2）顾客满意度管理的基本特征

① CSM 是现代市场经济条件下最基本的管理方式。首先,市场经济中,最基本的关系是"供"与"需"之间的关系。这种关系无论表现为实物的交换、服务的传递,还是本质上的价值让渡,其实现的前提和绩效评价,最终都是通过顾客是否满意来衡量的;顾客满意是企业成功的标志。这种关系不仅适用于接受企业产品的外部顾客,而且适用于衔接工序之间形成的内部顾客,适用于公共机构服务与被服务的关系。这种管理模式在全社会范围内运行,将真正形成一种理想的社会运行机制。其次,从管理的目的看,企业管理存在的意义在于服务于经营的目的,在于实现企业运行的目标。CSM 这种基于企业终极目的的管理模式把经营与管理真正有机地结合起来,体现了管理的真正意义和价值。

② CSM 是现代市场竞争环境和信息时代最优化的企业管理模式。它和传统的以利润最大化为目标、以企业为中心的管理方式不同,其核心理念是共同创造价值。CSM 把企业、产品、顾客、既得利益者和社会看作系统整体的组成部分。它

把顾客作为关注焦点，以文化转型作为基础，将持续改进与创新作为管理哲学，依赖于现代信息技术的支持和满意度测量分析工具及方法。它将各种管理资源有效地集成与优化，将组织的运作与社会经济、技术环境统一起来，与决定企业命运的顾客形成利益共同体。

③CSM是管理理论发展的新成果，是管理实践的新选择。在管理实践中，顾客导向、市场导向、关注顾客的管理思想和方式方法是逐步形成的。在新型价值观念和管理思想的推动下，出现了许多优秀的管理模式。包含了顾客满意导向管理的核心理念，体现和验证了CSM的运行机制。

a. 优秀业绩模式。以美国国家质量奖、欧洲质量奖、日本国家经营管理质量奖为代表的"优秀业绩标准"，以及在世界范围内广泛应用的ISO9000质量管理体系标准，都是以顾客为中心，提高经济活力和竞争能力的管理模式。

b. 全面质量管理（TQM）。20世纪90年代以来在各国优秀企业中广泛实施的TQM与传统的Taylor模式相比，其重要的变革之一就是以顾客为关注焦点，强调质量改进并要求高层管理者致力于持续改进。TQM是一种以顾客满意为导向的、以提升质量为目标的管理范式；CSM是TQM在新的社会、经济、技术条件下的发展和深化。

c. 顾客满意经营实施与推进模式。在世界范围内，系统地开展以顾客满意为导向的经营管理，包括实施顾客满意战略、顾客满意服务、顾客满意经营等，经历了十余年的发展，出现了许多优秀的实践者。

（3）顾客满意度管理的实施策略。CSM的实施一定要解决以下几个重要的战略性问题：营造CS文化，再造流程和组织结构，变革工作方式，建立和完善顾客满意度测量体系，建立集成的、有效的组织信息平台等。其中顾客满意度的测量与评价，是实施CSM的逻辑起点。满意度测量、分析与改进，就是通过恰当的方式方法，获取满意度水平信息。在此基础上，运用统计分析工具，挖掘满意度数据的信息，并与企业业务相关联，寻求业绩改进的方法。

CSM运行的最佳环境是整个社会，包括政府和公共机构，统一按照市场经济的模式运行，在整个社会系统树立顾客满意理念，形成顾客关系链和"感知—反应"运行模式，保证CSM的顺畅运行。中国社会主义市场经济体制处于不断完善过程中，在某些领域还存在体制和机制滞后的现象。这也决定了中国实施CSM必须采取适宜的战略和推进程序。

进行前期理念教育和组织准备，调查诊断组织管理状况和顾客满意水平，制定战略规划，建立章程、制度和实施细则，建立健全CSM运行支持体系，并持续改进和提高。同时，加强基础管理工作，并注意与技术创新和管理创新、信息化建设以及国家的质量振兴战略结合起来。

3. 怎么进行顾客满意度的测评

如图 1-4 所示为顾客满意度测评程序。

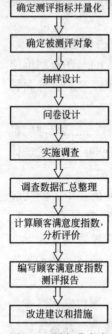

确定测评指标并量化

↓

确定被测评对象

↓

抽样设计

↓

问卷设计

↓

实施调查

↓

调查数据汇总整理

↓

计算顾客满意度指数，分析评价

↓

编写顾客满意度指数测评报告

↓

改进建议和措施

图 1-4　顾客满意度测评程序图

（1）确定测评指标并量化

① 顾客满意度指数测评指标体系的建立。"顾客满意度指数模型"主要由 6 种变量组成，即顾客期望、顾客对质量的感知、顾客对价值的感知、顾客满意度、顾客抱怨、顾客忠诚。其中，顾客期望、顾客对质量的感知、顾客对价值的感知决定着顾客满意程度，是系统的输入变量；顾客满意度、顾客抱怨、顾客忠诚是结果变量。

顾客满意度指数测评指标体系有 4 个层次。

第一层次：总的测评目标"顾客满意度指数"，为一级指标。

第二层次：顾客满意度指数模型中的六大要素——顾客期望、顾客对质量的感知、顾客对价值的感知、顾客满意度、顾客抱怨、顾客忠诚，为二级指标。

第三层次：由二级指标具体展开而得到的指标，符合不同行业、企业、产品或服务的特点，为三级指标。

第四层次：三级指标具体展开为问卷上的问题，形成四级指标。

测评体系中的一级和二级指标适用于所有的产品和服务，本书要研究的是二级和三级指标（表 1-1）。

表 1-1　顾客满意度测评的二、三级指标

二级指标	三级指标
顾客期望	顾客对产品或服务的质量的总体期望 顾客对产品或服务满足需求程度的期望 顾客对产品或服务质量可靠性的期望
顾客对质量的感知	顾客对产品或服务质量的总体评价 顾客对产品或服务质量满足需求程度的评价 顾客对产品或服务质量可靠性的评价
顾客对价值的感知	给定价格条件下顾客对质量级别的评价 给定质量条件下顾客对价格级别的评价 顾客对总价值的感知
顾客满意度	总体满意度 感知与期望的比较

续表

二级指标	三级指标
顾客抱怨	顾客抱怨 顾客投诉情况
顾客忠诚	重复购买的可能性 能承受的涨价幅度 能抵制的竞争对手降价幅度

测评指标体系的四级指标（即把三级指标展开形成问卷上的问题）如图 1-5 所示。

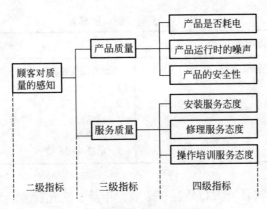

图 1-5　测评指标体系的四级指标

② 指标的量化。

a. 使用态度量表。顾客满意度指数测评指标主要采用态度量化方法。一般用李克特量表，即分别对五级态度"很满意、满意、一般、不满意、很不满意"赋予"5，4，3，2，1"的值（或相反顺序）。让被访者打分，或直接在相应位置打钩或画圈。表 1-2 是李克特顾客满意度测评表。

表 1-2　李克特顾客满意度测评表

测评指标	很满意	满意	一般	不满意	很不满意
产品包装					
产品外观					
稳定性					
耐用性					
安全性					

在实际工作中会遇到许多定量的测评指标，而这些指标又不能直接用于李克特量表。为方便数据信息的搜集和统计分析，必须将这些指标转化成李克特量表所要求的测评指标。其转化的方法是，将指标的量值恰当地划分为5个区间，每个区间对应于李克特量表的5个赋值，这样就实现了指标的转化。

b．确定测评指标权重。每项指标在测评体系中的重要性不同，需要赋予不同的权数，即加权。加权方法除了主观赋权法以外，还有直接比较法、对偶比较法、德尔菲法、层次分析法，企业可以依据测评人员的经验和专业知识选择适用的方法。

（2）确定被测评对象。顾客可以是企业外部的顾客，也可以是内部的顾客（表1-3）。

表1-3 识别和确认顾客表

内部顾客	外部顾客
组织内部的受益者（全体员工）	组织外部受益者
1．上下级关系顾客	1．供应商
2．平行职能关系顾客	2．投资者
3．流程关系顾客	3．经销商
（前后过程或上下工序）	4．消费者
	5．最终使用者

对外部顾客可按社会人口特征（性别、年龄、文化程度、职业、居住地等）、消费行为特征（即心理和行为特征）、购买经历来分类。

因此，应该先确定要调查的顾客群体，以便有针对性地设计问卷。

（3）抽样设计。可根据企业实际情况选择简单随机抽样、分层抽样、整群抽样、多级抽样、等距抽样和多级混合抽样等不同的抽样方法。较常用的是简单随机抽样，它是各种抽样方法的基础。

（4）问卷设计。按照已经建立的顾客满意度指数测评指标体系，把三级指标展开，做成问卷上的问题。问卷设计是整个测评工作中关键的环节，测评结果是否准确、有效，很大程度上取决于此。

问卷的设计方法和步骤如下。

①问卷的设计思路。

a．明确顾客满意度指数测评目的。

●了解顾客的需求和期望，调查顾客对质量、价值的感知，制定质量标准。

●计算顾客满意度指数，识别顾客对产品的态度。

●通过与竞争者比较，明确本组织的优劣势。

b．将三级指标转化为问卷上的问题。

c．对设计好的问卷进行预调查，一般抽取 30 ～ 50 个样本，采用面谈或电话采访形式，除了了解顾客对产品或服务的态度外，还可以了解其对问卷的看法，实时进行修改。

② 问卷的基本格式。问卷一般包括介绍词、填写问卷说明、问题和被访者的基本情况。表 1-4 是顾客满意度调查表范例。

表 1-4　顾客满意度调查表

问题	满意程度				
1．您对本公司产品价格的评价	非常满意	满意	满足需要	不满意	非常不满意
2．您对本公司产品的数量品种的评价					
3．您对本公司的售后服务水平的评价					
4．您对本公司销售人员业务水平及言谈举止的评价					
5．您对本公司销售人员一般招待及过程服务的评价					
6．您对本公司收银人员业务水平及服务态度的评价					
7．您对本公司仓储人员业务及服务态度的评价					
8．您对本公司仓储人员车辆调度及仓库安全管理的评价					
9．您对本公司客户销售服务热线答复的评价					
10．您对本公司的整体感觉评价					

（5）实施调查。企业可选择第一方、第二方或第三方进行顾客满意度调查，但这三种方式的客观性、可靠性、经济性存在差异。相对来说，委托第三方进行顾客满意度调查比较客观、科学、公正，可信度较高，但费用也高。大多企业采用第一方调查的方式。

对内部顾客满意度的调查方法一般有以下几种。

① 问卷调查。

② 不记名意见箱（可以是实物的信箱，也可以是电子邮件信箱）。

③ 面谈访问。

对外部顾客满意度的问卷调查方法一般有以下几种。

① 可以与一个被访者面谈，也可以与几个被访者集体面谈。调查可以比较深

入，但人力成本高，面不够广，且易受调查人员的素质水平影响，客观性不强。

②邮寄问卷调查。范围较广，但回收率低，且时间拖得很长。

③电话调查。比较直接、快捷，但受时间限制，调查不太能深入。

④电子邮件调查。将问卷以附件的形式发送给用户，让客户在计算机上填写回复邮件，或打印出来，填写后传真回来。

⑤Internet 网上调查。在公司主页上放置调查问卷，访问者直接填写，提交就可以。如 Sony 公司的主页上就放置了一份调查问卷。

其他还有留置问卷调查（即上门访问，留下问卷，过一段时间再回收）、秘密顾客调查等。还可以通过消费者协会的信息、各种媒体的报道、行业协会的研究结果、订单编号分析等方法来实施调查。

（6）调查数据汇总整理。问卷收回后，应统计每个问题的每项回答人数（频数）及其占被访者总数的百分比（频率），并以图示方式直观地表示出来。如果没有统计软件，一般可以直接用 Excel 中的柱形图或饼图等。

另外，还应了解问卷设置的测评指标对总体评价的影响程度。如果设定总体评价大于或等于 80 的为满意评价，小于 80 的为非满意评价，可以分析单项测评指标（如产品耐用性）的频数和频率对总体评价有何影响。如产品耐用性测评频率高时，是否总体评价偏向"满意"，反之，偏向"不满意"。

（7）计算顾客满意度指数。

①顾客满意度指数的数学模型。

②顾客满意度指数模型的检验。

③顾客满意度指数的计算。

可以采用加权平均的方法计算顾客满意度指数。

（8）编写顾客满意度指数测评报告。顾客满意度指数测评报告的一般格式包括题目、报告摘要、基本情况介绍、正文、改进建议、附件。

正文内容包括测评的背景、测评指标设定、问卷设计检验、数据整理分析、测评结果及分析。

（9）改进建议和措施。按照测评结果，制订详细的措施计划，把报告中提出的改进建议落实到相关部门和责任人，以达到持续改进，增强顾客满意度的目的。

三、顾客忠诚度与忠诚度的提高

1. 什么是顾客忠诚

顾客忠诚（Customer Loyalty，CL）是指顾客对企业的产品或服务依恋或爱慕的感情，它主要通过顾客的情感忠诚、行为忠诚和意识忠诚表现出来。其中情感忠诚表现为顾客对企业的理念、行为和视觉形象的高度认同和满意；行为忠诚表现为顾客再次消费时对企业的产品和服务的重复购买行为；意识忠诚则表现为顾客做出的对企业产品和服务的未来消费意向。

（1）顾客忠诚的内涵。

① 顾客满意。菲利普·科特勒认为，顾客满意"是指一个人通过对一个产品的可感知效果与他的期望值相比较后，所形成的愉悦或失望的感觉状态"。亨利·阿塞尔也认为，当商品的实际消费效果达到消费者的预期时，就导致了满意；否则，则会导致顾客不满意。

从上述观点可以看出，满意水平是可感知效果和期望值之间的差异函数。如果效果低于期望，顾客就会不满意；如果可感知效果与期望相匹配，顾客就满意；如果可感知效果超过期望，顾客就会高度满意、高兴或欣喜。

② 顾客满意度。顾客满意度是对顾客满意做出的定量描述。可简要将其定义为：顾客对企业产品和服务的实际感受与其期望值比较的程度。

③ 顾客忠诚。在营销实践中，顾客忠诚是指顾客购买行为的连续性。顾客忠诚是客户对企业产品或服务的依赖和认可、坚持长期购买和使用该企业产品或服务所表现出的在思想和情感上的一种高度信任和忠诚的程度，是客户对企业产品在长期竞争中所表现出的优势的综合评价。

④ 顾客忠诚度。顾客忠诚度指顾客忠诚的程度，是一个量化概念。顾客忠诚度是指由于质量、价格、服务等诸多因素的影响，使顾客对某一企业的产品或服务产生感情，形成偏爱并长期重复购买该企业产品或服务的程度。

（2）顾客忠诚的层次。如图1-6所示为顾客忠诚金字塔。底层是顾客对企业没有丝毫忠诚感。他们对企业漠不关心，仅凭价格、方便性等因素购买。

图1-6 顾客忠诚金字塔

第二层是顾客对企业的产品或服务感到满意或习惯。他们的购买行为是受到习惯力量的驱使。一方面，他没有时间和精力去选择其他企业的产品或服务。另一方面，转换企业可能会使他们付出转移成本。

第三层是顾客对某一企业产生了偏好情绪，这种偏好是建立在与其他竞争企业相比较的基础上的。这种偏好的产生与企业形象、企业产品和服务体现的高质量以及顾客的消费经验等是分不开的，从而使顾客与企业之间有了感情联系。

最上层是顾客忠诚的最高级阶段。顾客对企业的产品或服务忠贞不贰，并持有强烈的偏好与情感寄托。顾客对企业的这种高度忠诚，成为企业利润的真正源泉。

（3）顾客忠诚和顾客满意的关系。美国学者琼斯和赛斯的研究结果表明，顾客忠诚和顾客满意的关系受行业竞争状况的影响，影响竞争状况的因素主要包括以下4类。

① 限制竞争的法律；

② 高昂的改购代价；

③ 专有技术；

④ 有效的常客奖励计划。

如图1-7所示为顾客满意度和顾客忠诚度的关系图，虚线左上方表示低度竞争区，虚线右下方表示高度竞争区，曲线1和曲线2分别表示高度竞争的行业和低度竞争的行业中顾客满意度与顾客忠诚度的关系。

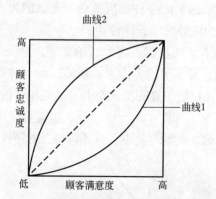

图1-7　顾客满意度和顾客忠诚度的关系图

如曲线1所示，在高度竞争的行业中，完全满意的顾客远比满意的顾客忠诚。在曲线右端（顾客满意程度评分5），只要顾客满意度稍稍下降，顾客忠诚的可能性就会急剧下降。这表明，要让顾客忠诚，企业必须尽力使顾客完全满意。

在低度竞争的行业中，曲线2描述的情况似乎表明顾客满意度对顾客忠诚度的影响较小，但这是一种假象。限制竞争的障碍消除后，曲线2很快就会变得和曲线1一样。这是因为在低度竞争的情况下，顾客的选择空间有限，即使不满意，他们往往也会出于无奈继续使用企业的产品和服务，表现为一种虚假忠诚。随着专有知识的扩散、规模效应的缩小、分销渠道的分享、常客奖励的普及等等，顾客的不忠诚就会通过顾客的大量流失表现出来。因此，处于低度竞争情况下的企业应居安思危，努力提高顾客满意度，否则一旦竞争加剧，顾客就会大量流失，而企业也会因此陷入困境。

上述分析表明，顾客满意度和顾客忠诚度之间并不总是成正相关关系。但有一点毋庸置疑，那就是无论在高度竞争的行业还是低度竞争的行业，顾客的高度满意都是形成顾客忠诚度的必要条件，而顾客忠诚度对顾客的行为无疑会起到巨大的影响作用。

（4）顾客忠诚的分类。

① 垄断忠诚。企业或者产品在行业中处于垄断地位，顾客无论满意与否，都只能长期使用这些企业的产品或服务。典型的例子就是城市居民用的自来水以及电力服务等。

② 亲缘忠诚。企业的员工甚至员工的亲属因为忠诚于企业所以忠诚于企业的产品。比如汽车公司的员工会只选择自己公司生产的车，一些电信公司的员工及其亲属一般使用本公司提供的电信网络等。

③ 利益忠诚。这种忠诚源自企业给予的额外的利益，如价格刺激、促销活动等。这种情况下，一般是价格敏感性的顾客会对同质产品中价格相对低的企业所提供的产品服务表现出忠诚。

④ 惰性忠诚。有些顾客出于方便或者因为惰性会长期保持一种忠诚，如很多人会固定地在临近的超级市场购物。

⑤ 信赖忠诚。顾客对产品或者服务满意，并逐步建立一种信赖关系，随着时间的推移这种信赖就成了一种忠诚。这种忠诚相对可靠而持久。这种忠诚是企业实施 CRM 所追求、研究的忠诚。

⑥ 潜在忠诚。潜在忠诚就是指顾客虽然具有但是还没有表现出来的忠诚。

2. 顾客忠诚的作用与意义

（1）顾客忠诚的作用。随着市场竞争的日益加剧，顾客忠诚已成为影响企业长期利润高低的决定性因素。以顾客忠诚为标志的市场份额，比以顾客多少来衡量的市场份额更有意义，企业管理者应该将营销管理的重点转向提高顾客忠诚度上来，以使企业在激烈的竞争中获得关键性的竞争优势。

① 顾客忠诚可使企业获得更高的长期盈利能力。

a. 顾客忠诚有利于企业巩固现有市场。顾客忠诚度高的企业对竞争对手来说意味着要面对较坚固的进入壁垒，因为要吸引原有顾客，竞争对手必须投入大量的资金，这种努力通常要经历一个延续阶段，并且伴有特殊风险。这往往会使竞争对手望而却步，从而有效地保护了现有市场份额。

b. 顾客忠诚有利于降低营销成本。对待忠诚顾客，企业只需经常关心老顾客的利益与需求，在售后服务等环节上做得更加出色就可留住忠诚顾客，既无需投入巨大的初始成本，又可节约大量的交易成本和沟通成本，同时忠诚顾客的口碑效应还可带来高效的、低成本的营销效果。

② 顾客忠诚可使企业在竞争中得到更好的保护。

a. 顾客不会立即选择新服务。顾客之所以忠诚某个企业，不仅因为该企业能提供顾客所需要的产品，更重要的是企业能通过优质服务为顾客提供更多的附加价值。

b. 顾客不会很快转向低价格产品，正如忠诚顾客愿意额外付出一样，他们同样不大可能仅仅因为低价格的诱惑而转向其他企业。不过，当价格相差很大时，顾客也不会永远保持对企业的忠诚。

（2）顾客忠诚的市场意义。

① 有利于竞争力的形成。在现代营销活动中，营销观念是企业战略形成的基础。顾客忠诚理论倡导以顾客为中心，提示企业的营销活动必须围绕这个中心进行，关注顾客对企业的评价，追求高的顾客满意度和忠诚度，这是市场营销观念的完善和发展。事实证明，倡导顾客忠诚所形成的核心竞争力将会在企业的经营活动中得以体现。

② 有利于提高企业的经济效益。顾客忠诚带来重复购买，顾客重复购买就会增加企业的收入，而且老顾客保持的时间越长，购买量就越大；招揽顾客的费用减少，使企业的成本降低。有关研究表明，争取一位新顾客的成本比维持一位老顾客的成本要多数倍，而且在成熟的竞争市场中，企业争取到新顾客的困难非常大；由于"口碑效应"，老顾客会推荐他人购买从而增加新顾客，因此形成一种"企业盈利、顾客忠诚"的良性循环效应。

③ 有利于推动社会的"诚信"建设。以顾客满意为起点，以顾客忠诚为经营活动的目标，可以促进企业不断地追求更高的目标，为社会创造更多的物质财富。同时，企业对以顾客为中心理念的贯彻，可以带动企业建立起诚实守信的经营机制，增强全体员工的服务意识和道德意识，从而杜绝各种制假售假、欺瞒诈骗的违法行为，为促进社会风气的好转产生积极的影响。

3. 提高顾客忠诚度的方法

（1）建立顾客数据库。为提高顾客忠诚度而建立的数据库应具备以下特征。

① 一个动态的、整合的顾客管理和查询系统。

② 一个忠诚顾客识别系统。

③ 一个顾客流失显示系统。

④ 一个顾客购买行为参考系统。

企业运用顾客数据库，可使每一个服务人员在为顾客提供产品和服务时，明了顾客的偏好和习惯购买行为，从而提供更具针对性的个性化服务。

建立和管理顾客数据库只是一种手段，而不是目的。企业的目的是将顾客资料转变为有效的营销决策支持信息和顾客知识，进而转化为自身的竞争优势。实践证明，企业利润的80%来自20%的顾客。只有与核心顾客建立关系，企业稀缺的营销资源才会得到最有效的配置和利用，从而明显地提高企业的获利能力。

（2）识别核心顾客。最实用的方法是回答三个互相交替的问题。

① 你的哪一部分顾客最有利可图，最忠诚？（注意那些对价格不敏感、付款较迅速、服务要求少、偏好稳定、经常购买的顾客）

② 哪些顾客将最大购买份额放在你所提供的产品或服务上？

③ 你的哪些顾客对你比你的竞争对手更有价值？

通过对以上三个问题的回答可以得到一个清晰的核心顾客名单，而这些核心顾客就是企业实行顾客忠诚营销的重点管理对象。

（3）超越顾客期望，提高顾客满意度。顾客期望是指顾客希望企业提供的产品和服务能满足其需求，达到了这个期望，顾客会感到满意；否则，顾客就会不满。所谓超越顾客期望，是指企业不仅能够达到顾客期望，而且还能提供更完美、更关心顾客的产品和服务，超过顾客预期的要求，使顾客得到意想不到的甚至感到惊喜的服务和好处，获得更高层次上的满足，从而对企业产生一种情感上的满意，最后发展成稳定的忠诚顾客群。

（4）正确对待顾客投诉。想和顾客建立长期的相互信任的伙伴关系，就要善于处理顾客投诉。有些企业的员工在顾客投诉时常常表现出不耐烦、不欢迎，甚至流露出一种反感，其实这是一种非常危险的做法，往往会使企业丧失宝贵的顾客资源。

（5）提高顾客转换成本。一般来说，顾客转换品牌或转换卖主会面临一系列有形或无形的转换成本。对单个顾客而言，转换购买对象需要花费时间和精力重新寻找、了解和接触新产品，放弃原产品所能享受的折扣优惠，改变使用习惯，同时还可能面临一些经济、社会或精神上的风险；对机构购买者，更换使用另一种产品设备则意味着人员再培训和产品重置成本。提高转换成本就是要研究顾客的转换成本，并采取有效措施人为增加其转换成本，以减少顾客流失，保证顾客对本企业产品或服务的重复购买。

（6）提高内部服务质量，重视员工忠诚的培养。哈佛商学院有教授认为，顾客保持率与员工保持率是相互促进的。这是因为企业为顾客提供的产品和服务都是由内部员工完成的，他们的行为及行为结果是顾客评价服务质量的直接来源。一个忠诚的员工会主动关心顾客，热心为顾客提供服务，并为解决顾客问题感到高兴。因此，企业在培养顾客忠诚的过程中，除了要做好外部市场营销工作外，还要重视内部员工的管理，努力提高员工的满意度和忠诚度。

（7）加强退出管理，减少顾客流失。退出，是指顾客不再购买企业的产品或服务，终止与企业的业务关系。正确的做法是企业要及时做好顾客的退出管理工作，认真分析顾客退出的原因，总结经验教训，并利用这些信息改进产品和服务，最终与这些顾客重新建立起正常的业务关系。分析顾客退出的原因，是一项非常复杂的工作。顾客退出可能是单一因素引起的，也可能是多种因素共同作用的结果。

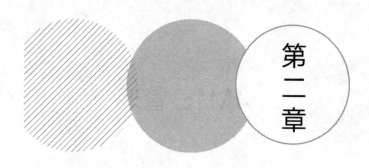

第二章

必须掌握的质量管理工具

质量管理工具就是质量预测、监督、控制的各种技术手段，质量管理工具有很多，本章主要介绍常用的、班组长应该掌握的一些基础性管理工具，如4M1E管理，质量统计分析的7大应用工具：检查表、排列图法、因果图法、分层法、直方图法、控制图法、散布图法，以及戴明环（PDCA循环），6σ及零缺陷质量管理等。

各班组长可根据自己所在企业的经营状况、管理水平加以选用。

4M1E 管理

一、什么是 4M1E 管理

1. 概念

4M1E 管理就是利用 4M1E 法管理工程的方法。其中，4M 是 ISO 质量管理体系中的要素之一，是指人力（Manpower）、机器（Machine）、材料（Material）、方法和技术（Method），1E 是指 Environments（环境），也就是人们常说的：人、机、料、法、环五大要素。

① 人力——现场直接从事作业的人；

② 机器设备——夹具、检具、量具、模具等；

③ 材料——原材料以及从前工序送来的半成品和零部件；

④ 方法和技术——作业条件和周围环境条件；

⑤ 环境——工作环境。

2. 具体内容

（1）人。所谓人（Man），就是指在现场的所有人员，包括主管、司机、生产员工、搬运工等。而现场人员中，班组长首先应当了解的是下属员工。

人，是生产管理中最大的难点，也是目前所有管理理论中讨论的重点，围绕"人"的因素，各种不同的企业有不同的管理方法。

人的性格特点不一样，那么生产的进度，对待工作的态度，对产品质量的理解就不一样。有的人温和，做事慢，仔细，对待事情认真；有的人性格急躁，做事只讲效率，缺乏质量，但工作效率高；有的人内向，有了困难不讲给组长听，对新知识、新事物不易接受；有的人性格外向，做事积极主动，但是好动，喜欢在工作场所讲闲话。那么，作为他们的领导者，就不能用同样的态度或方法去领导所有人。应当区别对待（公平的前提下），对不同性格的人用不同的方法，使他们能"人尽其才"。发掘性格特点的优势，削弱性格特点的劣势，就是要你能善于用人。

如何提高生产效率，首先从现有的人员中去发掘，尽可能发挥他们的特点，激发员工的工作热情，提高工作的积极性。人力资源课程就是专门研究如何提高员工在单位时间内工效，如何激发员工的热情的一门科学。简单地讲，人员管理就是生产管理中最为复杂、最难理解和运用的一种形式。

（2）机。机（Machine），是指生产中所使用的设备、工具等辅助生产用具。生产中，设备是否正常运作，工具的好坏都是影响生产进度、产品质量的又一要素。一个企业在发展，除了人的素质有所提高，企业外部形象在提升；企业内部的设备也在更新。为什么呢？好的设备能提高生产效率，提高产品质量。如改变过去的手锯为现在的机器锯，效率提升了几十倍。原来速度慢、人的体力还接受考验；现在，人也轻松，效率也提高了。所以说，工业化生产、设备是提升生产效率的另一个有力途径。

（3）料。料（Material），是指物料，半成品、配件、原料等产品用料。现在的工业产品的生产，分工细化，一般都由几种几十种配件或部件是几个部门同时运作。当某一部件未完成时，整个产品都不能组装，造成装配工序停工待料。不论哪个部门，工作的结果都会影响到其他部门的生产运作。因此不能只顾自己部门的生产，而忽略其后工序或其他相关工序的运作；因为企业的运作的是否良好是整体能否平衡运作的结果。所以班组长在生产管理工作中，必须密切注意前工序送来的半成品、仓库的配件、自己工序的生产半成品或成品的进度情况。一个好的管理者，是一个能纵观全局的人；能够为大家着想的人。

（4）法。法（Method），顾名思义，是方法和技术，是指生产过程中所需遵循的规章制度。它包括工艺指导书、标准工序指引、生产图纸、生产计划表、产品作业标准、检验标准以及各种操作规程等。严格按照规程作业，是保证产品质量和生产进度的一个条件。

（5）环。环（Environments），是指环境。对于某些产品（计算机、高科技产品）对环境的要求很高，环境也会影响产品的质量。比如：音响的调试时，周围环境要求应当很静。现在对工业制造企业也有了 ISO14000 环境管理体系的引进。5S 运动也是企业对环境提高要求的具体表现。生产现场的环境，有可能对员工的安全造成威胁，如果员工在有危险的环境中工作，又怎么能安心工作呢？所以，环境是生产现场管理中不可忽略的一环。

二、4M1E 管理的重点

4M1E 管理的重点是人的管理，具体方法可参考以下几点。

1. 目标管理

给现场班组或个人制定目标（如产能目标、品质目标、损耗指标），并及时将结果直观地反馈到现场（比如看板管理），对于目标达成较好的班组或个人定期予以奖励，以肯定他们的工作。

2. 教育培训

现场人员的培训要将操作技能与思想教育一起抓，两者缺一不可。部门经理可以定期组织技能培训，并同时开展思想教育。培训的形式可以是多样的，如会议、座谈、书面联络、图片说明等。另外针对关键岗位的操作人员要实施资质认定，并适当给予技能津贴等（要特别注意教育培训的效果，可以对培训后相关数据变化进行分析，也可以通过书面考试来检测，但最重要的是现场观察，培训的相关内容有没有被员工所理解和运用）。

3. 沟通管理

建立快速沟通机制，让信息快速流通，特别是异常情况的报告途径要明确（比如，发生哪类性质的异常要报告到哪一级别？多久报告？）；另外要密切关注现场人员的心态变化（特别是有涉及他们利益变动的公司政策出台时），及时针对问题进行沟通说明。人员的心态直接影响他们的工作质量。比如公司要解决加班时间过多问题，目的是为了符合劳动法要求，但也要考虑加班时间减少后工人的待遇会减少，所以这是敏感的问题，怎样做可以让工人的加班时间减少而待遇不会降低？要跟现场员工沟通说明，有问题要解决。

4. "5S"管理

"5S"是现场管理的一个重要工具，在美化工作环境的同时，提高人员的工作素质，通过定点、定人、定时，提高团队力量。

5. 变动管理

制度、人员、方法、设备有变动时，要注意这些变动可能会引发的系列问题，要提前预备提前预防。

第二节 / # 质量统计分析 7 种应用工具

一、查检表

查检表是最基本的质量原因分析方法，也是最为常用的方法。在实际工作中，经常把查检表和分层法结合起来使用，这样可以把可能影响质量的原因调查得更清楚。需要注意的是，查检表必须针对具体的产品设计出专用的查检表进行调查和分析。

常用的查检表主要有以下几种。

1. 缺陷位置查检表

若要对产品各个部位的缺陷情况进行调查，可将产品的草图或展开图画在查检表上，当出现某种缺陷时，可采用不同的符号或颜色在发生缺陷的部位上标出。若在草图上划分缺陷分布情况区域，可进行分层研究。分区域要尽可能等分。缺陷位置查检表的一般格式见表 2-1。

表 2-1　缺陷位置查检表

名　称		调查项目	尘粒	日　期	
代　号			流漆	检查者	
工序名称	喷漆		色斑	制表者	

（简图位置）

△尘粒
╳流漆
●色斑

2. 不合格品统计查检表

所谓不合格品，是指不能满足质量标准要求的产品。不合格品统计查检表用于调查产品质量发生了哪些不良情况及其各种不良情况的比率。表 2-2 是内燃机车修理厂柴油机总装工段一次组装不合格品统计查检表。

表 2-2　不合格品统计查检表

名　称	柴油机	项目数	7	日　期	×××年1～12月
代　号		不良件数	208 台	检查人	
工段名称	总装工段	检查数	310 台	制表人	
返修项目名称		频　数	小计 / 台	占返修活比率 /%	
汽缸内径椭圆度超差			72	34.6	
进水管漏水			46	22.1	
凸轮轴超差			30	14.5	

返修项目名称	频　数	小计 / 台	占返修活比率 /%
检爆阀座漏水		24	11.5
出水管漏水		12	5.8
栽丝漏水		10	3.8
其　他		14	7.7
总　计		208	100

3. 频数分布查检表

频数分布查检表是预先制好的一种频数分布空白表。该表应用于以产品质量特性值为计量值的工序中，其目的是为了掌握这些工序产品质量的分布情况，比直方图更为简单。频数分布查检表的一般格式见表2-3。

表 2-3　频数分布查检表（范例）

名称	缸头	质量特性	高度	批号	
代号		标准化	$161^{+0.14}_{+0.02}$	日期	××××年×月
工序名称	磨平面	总数	181	检查者	
单位	机二	检查数	181	制表者	

使用查检表时要注意收集、整理资料；根据事实，用数据说话。

二、排列图法

排列图又称柏拉图，是找出影响产品质量关键因素的有效方法。

画排列图首先要收集一定期间的数据（以1～3个月为宜），然后对数据进行加工整理，画出直方排列图。图上应注明取得数据的日期、数据总数、绘制者姓名、绘制日期及其他有参考价值的事项。如图2-1所示为事故次数统计图。

使用排列图法时要确定主导因素；并非对所有原因采取处置，而是先就其中影响较大的两三项采取措施。

三、因果图法

因果图又称特性要因图或鱼骨图（图2-2）。因果图对查找产品质量问题产生的原因、对工程的管理和改善，都是一种简明而有效的方法。

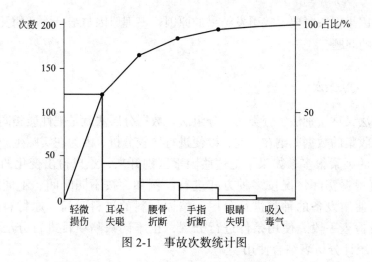

图 2-1 事故次数统计图

采用因果图是对产品质量问题产生的原因进行分析的有效方法。因此，编制因果分析图是 TQM 过程中用于质量分析时使用频率最高的方法。

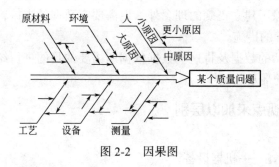

图 2-2 因果图

因果分析图的绘法如下所示。

① 明确分析对象，将要分析的质量问题写在图右侧的框中，画出主干线箭头指向右侧方框。

② 找出影响质量问题的大原因，与主干线成 60° 夹角画出大原因的分支线。

③ 进行原因分析，找出影响质量大原因的中原因，再进一步找出影响中原因的小原因——依此类推，步步深入，直到能够采取措施为止。

④ 找出影响质量的关键原因，采取相应的措施加以解决。

在因果图中经常出现的特性要因包括：在质量方面有尺寸、重量、纯度、废品率、疵点数；在效率方面有工时、需要时间、运转率、负荷系数、产量；在成本方面有收得率、损耗、材料费、废品率、人工费。此外，特性要因在大的方面一般可以分为 5M1E（操作者、机械设备、操作方法、材料零件和生产环境）和八大要素（除了 4M1E 之外，加上工卡具、检测、搬运）。

使用因果图法时要寻找引发结果的原因；整理原因与结果之间的关系，以探讨潜伏性的问题。

四、分层法

分层法又称层别法、分类法、分组法。数据分层法就是把性质相同的、在同一条件下收集的数据归纳在一起，以便进行比较分析。因为在实际生产中，影响质量变动的因素很多，如果不把这些因素区别开来，难以得出变化的规律。数据分层可根据实际情况按多种方式进行。例如，按不同时间、不同班次进行分层，按使用设备的种类进行分层，按原材料的进料时间、原材料成分进行分层，按检查手段、使用条件进行分层，按不同缺陷项目进行分层等。分层法经常与统计分析表结合使用。

分层法的应用，主要是一种系统概念，即在于要处理相当复杂的资料，就需要把这些资料加以有系统、有目的的分门别类地归纳及统计。

科学管理强调的是以管理方法来弥补以往靠经验靠视觉判断的管理的不足。而此管理方法，除了建立正确的理念外，更需要有数据的支持，才有办法进行工作解析及采取正确的措施。

如何建立原始的数据及将这些数据依据所需要的目的进行统计，也是诸多产品质量管理手法的最基础工作。

1. 以什么观点来加以层别

（1）MAN——人。

（2）MACHINE——机器设备。

（3）MATERIAL——物料。

（4）METHOD——方法。

（5）ENVIRONMENT——环境。

2. 如何对问题有效层别

（1）明确主题的方面，明确大的主题或范围可按人、机、物、法、环、能、信等。

（2）确定相关项目的内容与隶属关系，一般情况下指某一大类中的分类，可以按性能、来源、影响等方面。

（3）详细其层别项目，按其分类列明，并将每类隶层关系逐项向下层展开的过程。

3. 层别法使用的"三个重点"

（1）在收集数据前就应使用层别法。

（2）可单独使用，也可与其他 QC 手法结合使用。

（3）层别的对象具有可比性。

五、直方图法

直方图又称数次表，是对数据进行整理分析，通过数据的分布特征来验证工序是否处于稳定状态，以及判断工序质量的好坏等。

直方图是全面质量管理过程中进行质量控制的重要方法之一。适用于对大量计量数值进行整理加工，找出其统计规律，也就是分析数据分布的形态，以便对其整体的分布特征进行推断。

直方图是将测量所得到的一批数据按大小顺序整理，并将它划分为若干个区间，统计各区间内的数据频数，把这些数据频数的分布状态用直方形表示的图表。通过对直方图的研究，可以探索质量分布规律，分析生产过程是否正常。直方图的基本样式如图 2-3 所示。

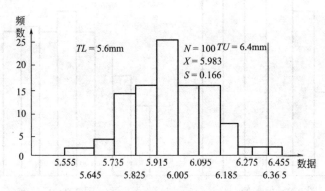

图 2-3　直方图的基本样式

在一般情况下，计量值在直方图的中心附近最高，而愈向左右则愈低，多呈左右对称的形状。实际上形成各种各样的图形，具体分为正常型、孤岛型、双峰型、折齿型、偏态型和平顶型等，如图 2-4 ～图 2-9 所示。

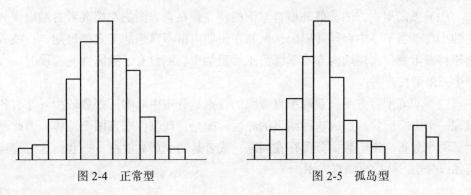

图 2-4　正常型　　　　　　　　　　　　图 2-5　孤岛型

29

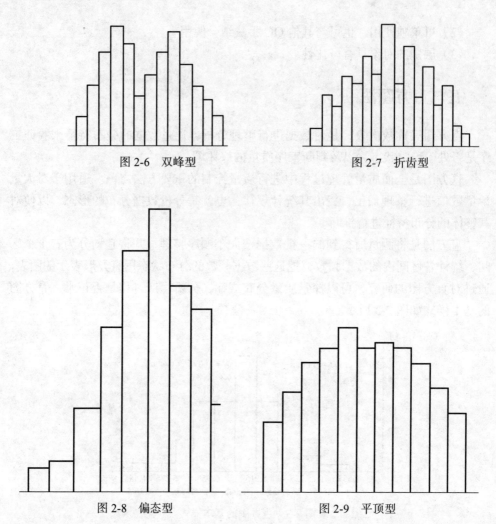

图 2-6　双峰型

图 2-7　折齿型

图 2-8　偏态型

图 2-9　平顶型

（1）正常型直方图。正常型直方图是最为常见的图形，特点是中心附近频数最多，离开中心则逐渐减少，呈现左右对称的形状。此时工序处于稳定状态。

（2）孤岛型直方图。孤岛型直方图的特点是在直方图的左端或者右端出现分立的小岛。当工序中有异常原因，例如在短期内由不熟练的工人替班加工，或者是原料发生变化大短期内有不熟练员工替班加工、测量有了系统性的错误时，会产生孤岛型直方图。

（3）双峰型直方图。双峰型直方图的特点是分布中心附近频数较少，左右各出现一个山峰形状。造成这种结果的原因可能是：观测值来自两个总体，因此产生了两个分布，说明数据分类存在问题；或者是两个产品混在了一起，这时应当再加以分层，然后再画直方图。

（4）折齿型直方图。折齿型直方图的特点是在区间的某一位置上频数突然减少，形成折齿形或者梳齿形。造成这种结果的原因可能是：由于数据分组太多，或者是测量误差过大，或者是观测数据不准确所导致，应重新进行数据的收集和整理。

（5）偏态型直方图。偏态型直方图的特点是直方图平均值偏离中心靠近一侧，频数多集中于同一侧，而另一侧则逐渐减少，形成一侧较陡，左右非对称的图形。当产品质量较差时，为了得到合格的产品，需要进行全数检查，以便剔除不合格品，当剔除不合格品以后的产品数据频数作直方图时，就会产生偏态型直方图，这是一种非自然形态的直方图。

（6）平顶型直方图。平顶型直方图的特点是没有突出的顶峰，呈平顶形状，通常是由于生产过程中某些缓慢的倾向在起作用，如工具的磨损、操作者的疲劳等。

使用直方图法时要展示过程的分布情况；凡事物不能完全单用平均值来考虑，应该了解事物均有变异存在，必须从平均值与变异性来考虑。

六、控制图法

控制图又称管控图。控制图是通过把质量波动的数据绘制在图上，观察数据是否超过控制界限来判断工序质量能否处于稳定状态。应用简单、效果较佳、极易掌握，能直接监视控制生产过程，起到保证质量的作用。控制图的基本样式如图 2-10 所示。

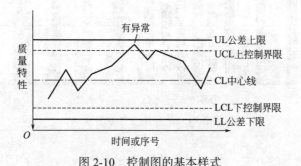

图 2-10 控制图的基本样式

控制图的基本原理是把造成质量波动的 6 个原因（人机料法环和测量）分为两个大类：随机性原因（偶然性原因）和非随机性原因（系统原因）。这样，就可以通过控制图来有效地判断生产过程工序质量的稳定性，及时发现生产过程中的异常现象，查明生产设备和工艺装备的实际精度，从而为制订工艺目标和规格界限确立可靠的基础，使得工序的成本和质量成为可预测的，并能够以较快的速度和准确性测量出系统误差的影响程度。

使用控制图法时要识别波动的来源，事物不能完全单用平均值来考虑，应该了解事物均有变异存在，须从平均值与变异性来考虑。

七、散布图法

散布图又称散点图，是通过分析研究两种因素的数据之间的关系，来控制影响产品质量的相关因素的一种有效方法。例如零件加工时切削用量与加工质量两者的关系、喷漆时的室温与漆料黏度的关系等。

散布图是把两个变量之间的相关关系，用直角坐标系表示的图表，它根据影响质量特性因素的各对数据，用小点表示填列在直角坐标图上，并观察它们之间的关系。散布图的绘制有两种方式。

（1）采用排列成直方图的方式，按照时间序列的推移，分析数据彼此之间的关联性；如图 2-11 所示为散布图。

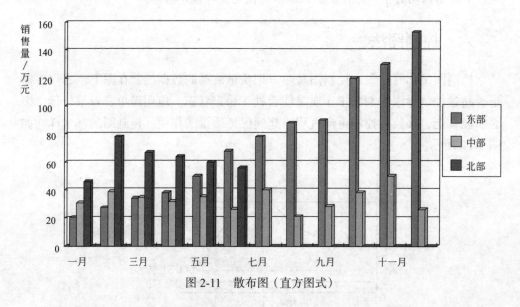

图 2-11　散布图（直方图式）

（2）采用描点的方式，便于观察数据的分布状况。在相关图中，两个要素之间可能具有非常强烈的正相关，或者弱的正相关。这些都体现了这两个要素之间不同的因果关系。如果两个数据之间的相关度很大，那么可以通过对一个变量的控制来间接控制另外一个变量。因此，对相关图的分析，可以帮助肯定或者是否定关于两个变量之间可能关系的假设。

一般情况下，两个变量之间的相关类型主要有六种：强正相关、弱正相关、不相关、强负相关、弱负相关以及非线性相关，如图 2-12 所示。使用散布图法展示变量之间的线性关系。

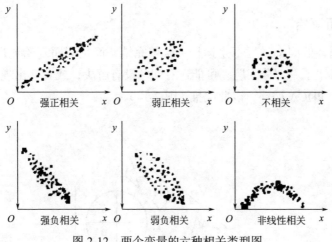

图 2-12　两个变量的六种相关类型图

PDCA 循环（戴明环）

一、什么是 PDCA 循环

PDCA 循环的概念最早是由美国质量管理专家戴明提出来的，所以又称为"戴明环"。PDCA 四个英文字母及其在 PDCA 循环中所代表的含义如下所示。

P（Plan）——计划，确定方针和目标，确定活动计划。

D（Do）——执行，实地去做，实现计划中的内容。

C（Check）——检查，总结执行计划的结果，注意效果，找出问题。

A（Action）——行动，对总结检查的结果进行处理。

成功的经验加以肯定并适当推广、标准化，或制订作业指导书，便于以后工作时遵循。失败的教训加以总结，以免重现，未解决的问题应提给下一个 PDCA 循环中去解决，如图 2-13 所示为 PDCA 循环的基本模型。

图 2-13　PDCA 循环的基本模型

33

二、PDCA 循环的特点

1. 周而复始

PDCA 循环的四个过程不是运行一次就完结，而是周而复始地进行。一个循环结束了，解决了一部分问题，可能还有问题没有解决，或者又出现了新的问题，再进行下一个 PDCA 循环，以此类推（图 2-14）。

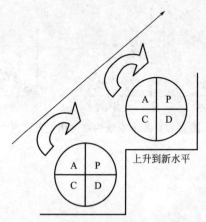

图 2-14　PDCA 循环上升过程图

2. 大环带小环

如果把整个企业的工作作为一个大的 PDCA 循环，那么各个部门、小组还有各自小的 PDCA 循环，就像一个行星轮系一样，大环带动小环，一级带一级，有机地构成一个运转的体系。

企业的每个科室、车间、工段、班组，直至个人的工作，均有一个 PDCA 循环，这样一层一层地解决问题，而且大环套小环，一环扣一环，小环保大环，推动大循环。

3. 阶梯式上升

PDCA 循环不是在同一水平上循环，每循环一次，就解决一部分问题，取得一部分成果，工作就前进一步，水平就提高一步。到了下一次循环，又有了新的目标和内容，更上一层楼。如图 2-14 所示为这个阶梯式上升的过程。

三、PDCA 循环的实施步骤和方法

PDCA 循环的四个阶段又可细分为 8 个步骤。

步骤 1：分析现状，发现问题。主要方法有排列图法、直方图法、控制图法、

工序能力分析、KJ 法、矩阵图法。

步骤 2：分析质量问题中各种影响因素。主要方法有因果分析图法、关联图法、矩阵数据分析法、散布图法。

步骤 3：分析影响质量问题的主要原因。主要方法有排列图法、散布图法、关联图法、系统图法、矩阵图法、KJ 法、实验设计法。

步骤 4：针对主要原因，采取解决措施。

在本步骤中要回答 5W2H。

Why 为什么要制订这个措施？

What 达到什么目标？

Where 在何处执行？

Who 由谁负责完成？

When 什么时间完成？

How 怎样执行？

How much 要花多少时间或其他资源？

主要方法有目标管理法、关联图法、系统图法、矢线图法、过程决策程序图法。

步骤 5：执行，按措施计划的要求去做。主要方法有统图法、矢线图法、矩阵图法、过程决策程序图法。

步骤 6：检查，把执行结果与要求达到的目标进行对比。主要方法有排列图法、控制图法、系统图法、过程决策程序图法、检查表、抽样检验。

步骤 7：标准化，把成功的经验总结出来，制定相应的标准。即制定或修改工作规程、检查规程及其他相关规章制度。主要方法有标准化、制度化、KJ 法。

步骤 8：把没有解决或新出现的问题转入下一个 PDCA 循环中去解决。

四、PDCA 的综合应用

1. P——计划（Plan）

现场工作的计划可以分成两个项目，一项是基准的计划，另一项就是方法的计划，也就是说首先要决定"基准"，然后要"决定达成这个基准的过程以及方法"，才是完整的计划。

（1）决定基准（基准计划）：为使现场管理能顺利进行，首先需要对各项工作都很具体而明确地规定一个基准，也就是事先预计一下应可达成的基准是什么。这个基准必须很明确，最好能用数据表示出来。

例如："外观不良率要保持在 0.2％ 以下"；"每天生产量不得少于三万个"或"表面疵点每天不得超过 3 个"。

决定这些具体的基准，必须参考企业或上级的方针，更重要的是要了解自己部门的工作实力，基准不要定得太低，也不要定得太高，一定要恰到好处，否则就会失去制定基准的意义。

（2）拟定达成基准的方法（方法计划）：只是决定一个基准，而不决定达成基准所应具备的做法是不够的，这样的话将很难达成管理的效果。所以除了制定一个明确的基准以外还必须拟定达成这个基准的过程及做法。这种决定达成基准的方法称为"方法计划"。

拟定现场的各项工作方法是很繁杂的工作，为了便于实施"方法计划"，避免重复计划的拟定，应该建立起"标准书"制度。标准书就像是都市的交通规则，是活动的规范，是品质管理活动的第一步，也是"方法计划"的基础。

（3）在现场中，最直接影响工作的就是标准书，"作业标准"作为标准的主要目的有以下几个。

① 实施正确作业的指示，使作业者了解作业内容及要领。

② 指示作业的顺序。

③ 指示注意事项。

④ 指示使用的机械、工具。

在现场中，有许多重复的作业及工作，可以利用作业标准作为"方法计划"的工具。当然在现场中除了"作业标准"外，其他如检验标准、测定标准也是很重要的工作规范。可见如果能利用"标准书"作为拟定达到目标方法的工具，必能事半功倍，更易于达成预定目标。

2. D——执行（Do）

有了周全的计划以后，现场管理者就必须使现场作业人员能遵照计划确实实施作业，这就是实施（Do）的阶段。

（1）现场管理者为了使计划顺利进行，必须以命令的形式使下属遵守标准，进行作业或工作。最重要的是使各项作业都能确实依照作业去进行。

（2）有许多情形，作业人员并不是不愿意按照标准去做，而是不知道有标准，或是根本看不懂标准，不了解标准的内容，自然无法依照标准去实施。在这种情况下，就必须借教育训练的力量，使作业人员能充分了解所制定的标准。

（3）工作时必须确实依照标准去进行，以各种方法使作业人员都具有遵照标准作业的意愿，这就是提高品质意识的基础。

品质管理的基本做法是，在PDCA循环的各个阶段，继续不断地"重视品质的观念"及"对品质负有责任感"，循环不止，不断改进，一步一步地前进。

3. C——检查（Check）

如果现场管理者下了命令而每一位现场作业人员都能确实遵守已制定的

标准来实施作业，那么管理可以说已成功了大半，但是事实上并不是这样容易就能维持基准，所以计划开始实施后，就要开始进行"调查工作"，看作业人员是否依照规定或命令去实施，实施结果是否能达成"基准计划"所预定的成果。

作为调查的方法很多，而现场管理者最方便使用的方法如下。

（1）现场干部经常巡视作业现场，调查作业情形，如果发现有异常现象，立刻追查原因。

（2）定期检查产品，看是否合乎原来计划的基准，例如产品的生产量是否与原来规定的一样，产品品质是否按照原来设想的结果，产品生产的费用会不会超出原来所预计的成本。

（3）利用各种数据的统计分析方法，调查作业实施过程，发现现场异常现象。

（4）利用管制图管理现场作业，看是否发生异常现象，以便采取对策。

4．A——行动（Action）

如果在调查过程中发现未依照命令实施作业时，应该立刻加以纠正，也就是说立刻采取改善措施，这种改善措施是现场管理最重要的工作。

这种发现了问题点或是异常现象而立刻采取的对策反应称为应急措施，应急措施虽然是非常重要的一种行为，但是如果只有这种应急措施，对管理而言仍有其不足之处。只有"应急措施"无法使管理做得好和提高效率。

所以，如果要使管理做得更有效率，或是说使设定基准计划更易于达成，就必须定期地做实施结果的测定工作，调查实施结果，并检讨所获得的成果是否与基准一致，结果未维持"基准计划"的成果，则追查原因，发掘问题，然后针对问题进行修正"方法计划"的工作，例如变更设备、调动人员、加强教育训练等，主要是除去再发生问题的原因，使同样的问题不会再次发生，一步步地使成果能维持"基准"。这种对策反应称为再发防止措施。

第四节 / # 六西格玛

一、什么是六西格玛（6σ）

6σ的实施不是由班组长来主导，但班组长要积极参与。所以，班组长必须了解 6σ 管理的一般常识。

σ（西格玛）在统计学上是指"标准差"，6σ 即意为"6 倍标准差"，在质量上表示每百万个产品的不良品率（PPM）少于 3.4。但是 6σ 管理不仅仅是指产品质量，而是一整套系统的企业管理理论和实践方法。在整个企业流程中，6σ 是指每百万个机会当中有多少缺陷或失误，这些缺陷或失误包括产品本身以及产品生产的流程、包装、运输、交货期、系统故障、不可抗力等。

6σ 管理是保持企业在经营上的成功并将其经营业绩最大化的综合管理体系和发展战略，它可以使企业获得快速增长及可观的收益。一般来说，经营业绩的改善包括以下部分。

（1）市场占有率的提高；

（2）顾客满意率的提升；

（3）营运成本的降低；

（4）产品和资金周转时间的缩短；

（5）缺陷率的降低；

（6）产品开发加快；

（7）企业文化的改变。

据调查，目前绝大多数在业内领先的大型制造企业其运作都在（3 ~ 4）σ 的水平，这意味着每百万个机会中已经产生 6210 ~ 66800 个缺陷，这些缺陷将要求生产者耗费其销售额的 15% ~ 30% 来进行弥补。

二、6σ 管理的执行成员

6σ 管理的一大特色是要创建一个实施组织，以确保企业提高绩效活动具备必需的资源。一般情况下，6σ 管理的执行成员组成如下所示。

1. 倡导者（Champion）

由企业内的高级管理层人员组成，通常由总裁、副总裁组成，他们大多数为兼职。一般会设一到二位副总裁全面负责 6σ 的推行，主要职责为调动企业内的各项资源，支持和确认 6σ 的全面推行，决定"该做什么"，确保按时、按质完成既定的财务目标，管理、领导大黑带和黑带。

2. 大黑带（Master Black Belt）

与倡导者一起协调 6σ 项目的选择和培训，该职位为全职 6σ 人员。其主要工作为培训黑带和绿带、理顺人员，组织和协调项目、会议、培训，收集和整理信息，执行和实现由倡导者提出的"该做什么"的工作。

3.　黑带（Black Belt）

为企业中全面推行 6σ 的中坚力量，负责具体执行和推广 6σ。同时负责培训绿带。一般情况下一名黑带一年要培训 100 名绿带。该职位也为全职 6σ 人员。

4.　绿带（Green Belt）

为 6σ 兼职人员，是企业内部推行 6σ 众多底线收益项目的执行者。他们侧重于 6σ 在每日工作中的应用，通常为企业各基层部门的负责人。6σ 占其工作的比重可视实际情况而定。

以上各类人员的比例一般为：每 1000 名员工，应配备大黑带 1 名，黑带 10 名，绿带 50 ～ 70 名。

6σ 项目中，最高管理层负责挑选顾问，协调高层管理工作。项目领导负责统筹管理人员的培训，挑选黑带人员，选择实施项目，组织审核，实施奖励和晋升体系。黑带人员和绿带人员协调确认和实施项目，向项目领导报告项目进展和存在障碍，协调对部门经理和员工进行培训。

在 6σ 管理体系中班组长居于绿带地位。

三、6σ 管理的实施方法

6σ 管理的实施方法一般以"七步骤法"（Seven Step Method）作为参考。"七步骤法"的内容如下所示。

1.　找问题

把要改善的问题找出来，当目标锁定后便召集有关员工，成为改善的主力，并选出首领，作为改善责任人，紧接着便制订时间表进行跟进。

2.　研究现时生产方法

收集现时生产方法的数据，并做整理。

3.　找出各种问题的原因

集合有经验的员工，利用脑力风暴法（Brain storming）、控制图（Control chart）和鱼骨图（Cause and effect diagram），找出每一个可能发生问题的原因。

4.　找出解决方法

利用有经验的员工和技术人才，通过各种检验方法，找出解决方法，当方法设计完成后，便立即实行。

5. 检查效果

通过数据收集、分析、检查其解决方法是否有效和达到什么效果。

6. 把有效方法制度化

当方法证明有效后，便制订为工作守则，员工需遵守。

7. 检讨成效并发展新目标

当以上问题解决后，总结其成效，并制订解决其他问题的方案。

第五节 / 零缺陷管理

一、什么是零缺陷管理

零缺陷作为全新的观念，并不是表面意义的没有缺点，完美无缺，其实质内涵是体现了事先预防和持续改进的精神。零缺陷管理作为系统的经营哲学和管理体系，其核心思想是改变人们做人做事的态度，引导人们"第一次就把事情做对"（Do It Right The First Time，DIRFT）。它建立在最先进的管理理念、管理文化和管理实践基础上，以客户为中心，以结果为导向，以事实为依据，通过企业文化的转变、过程的再造与优化，关注消除不符合要求的活动，减少浪费，降低成本，更快、更好、更经济地第一次就符合要求，创建以预防为主的无困扰组织，最终目的是提高客户的满意度，大幅度提高公司的净利润。如图2-15描述了零缺陷管理在整个质量管理中的地位。

图 2-15 零缺陷的地位

二、零缺陷管理的原则

经济效益显著增长，客户完全满意，是企业全力追求的两大目标。零缺陷管理是实现这两大目标的有效手段。而要实现无缺陷管理，就得遵循其管理原则。

1. 第一次就做对

克劳斯比提出零缺陷管理理念时指出，企业必须将目标一清二楚地陈述出来，第一次就把事情做对，第一次做就要符合标准要求。一次做对，让把握质量成为习惯，这就是零缺陷的主旨。这意味着要以最大的关注来防止错误的产生，准备好各种条件并预防可能产生的问题，严密地组织协调，最有效地利用各种资源，用最低的消耗来符合要求，而不是在发生问题后才去找出这些缺点加以解决。质量管理只要事先规划设计，就可于执行时毕其功于一役。

"第一次"的含义不仅仅是一次性就做到准确无误，不需要重复劳动，更重要的意义在于事先规划的预防控制和过程管理。

传统的观念认为，质量管理的目标是把差错率减到最低，这本身是个错误。我们应该争取的目标是第一次就把事情做对，即达到零缺陷。通过预防发生质量问题，要求资源的配置能保证工作正确完成，而不是把资源浪费在查找和补救问题上。同时也将质量管理的工作重点由事后检查转到生产过程中的控制。

要做到第一次就把工作做对，需要管理者事先了解工作流程的标准和做法，设计出符合客户的需求，且能确实执行的"标准"作业模式。因此，企业应组织力量把各阶层、各部门、各员工的工作程序制订出来，使所有的人都能够依照相应的工作程序第一次就把工作做对，即必须教会每一位员工按程序行事。所有的工作程序（工艺）在正式使用之前，一定要经过严格的（正确性、可行性、可操作性）审查，并且一定要坚持，当每一个工作程式都符合要求时才能进行下一个步骤。流程的标准化并不只在制定标准，还必须加以"化"，也就是要消化、融化、同化、活化。

做好预防工作的秘诀在于深入检查工作流程，找出每个可能发生错误的机会。尤其对重要工序（难度大、易出问题的工序、部门）要进行事先预测、分析（每个可能发生错误的机会）、重点防范、重点监控、事前设定应变方案。

"做对"则是符合标准要求，标准应是客户的要求。为了控制质量，必须从开始就提高标准：第一次做对，不给质量出现问题的机会。工作标准必须是零缺陷，而不是"差不多就好"，这意味着每一次和任何时候都要满足工作过程的全部要求，不让错误发生或流至下道工序或其他岗位。如果让工作具有高质量，那么，决不能向不符合要求的情形妥协，决不接受任何缺点，必须极力预防错误的发生，使工作质量和工作效率大幅度提高，经济效益显著增长，使客户完全满意。

2. 无困扰环境

为什么不能将事情第一次就做对？为什么有零缺陷的意愿，却没有零缺陷的结果？究其原因是无法提供一个无困扰的环境，提供一个无困扰的企业文化。

零缺陷管理要求把每一个员工都当作主角，强调个人在组织改进过程中所扮演的角色，只有全体员工都掌握零缺陷思想，人人想方设法消除工作差错，才会有真正的零缺陷运动。管理者必须帮助并赋予员工正确的工作动机，必须努力关心并教育广大员工，使零缺陷的决心上行下效。人是具有复杂心理的动物，如果没有准确无误进行工作的愿望，工作方法再好，也不可能把工作做得尽善尽美。

克劳斯比认为只有企业家才是品质革命的原动力，"最高管理阶层坚持一切必须符合要求，而且提供必要的协助，以防止不合格的状况出现时，一切就都改观了，任何现有的品管手段都不及它有效"。企业文化就是最高管理者的文化，管理者能坚持零缺陷，企业文化就能体现零缺陷，那么员工的行为处事就能实现第一次就把事情做对，使零缺陷成为习惯。

因此，为了创造无困扰的工作环境，管理者须做到：一是制订好对员工的要求标准；二是提供员工必需的工具、资金、方法；三是尽全力去鼓励并帮助员工达到要求。在现场管理过程中，必须改变规则，用管理机制冲击旧观念，把实现零缺陷的程度与浮动工资挂钩；强化培训，全面提高技能，按零缺陷的要求修正并颁布统一的标准，并用考核、竞赛等方式推动标准化、程序化的落实，通过岗位练兵、竞争等办法提高员工技能；管理到位，形成群体效应，营造一个实现零缺陷的整体氛围，做到人人明确需求，个个预防在先，天天自觉做对，层层检查纠正，环环重点把关，系统持续改进，使零缺陷成为做事的哲学理念。

三、零缺陷管理执行要点

1. 零缺陷质量改进的三要素

影响质量改进的主要因素是决心、教育和执行。

（1）"决心"是指一个管理团队的成员决定不能再忍受次品了，而且了解到只有采取行动才能改善组织。

（2）"教育"是帮助所有的员工沟通对质量的观念，知道自己在改善质量中所负的责任，而且具备特殊的知识，足以处理即将面临的改变。

（3）"执行"是使改善的行动循着既定的路线进行，由于每个团体都是不断地在改变中，因此改善质量的行动是从不会停止的，每一个正确的行动，都将使组织更趋健全。

2. 零缺陷质量管理的 4 个定理

① 质量的定义就是合乎标准，符合要求而不是好；
② 提升质量的系统是预防，不是检验，以防患未然为质量管理制度；

③ 工作标准必须是"零缺陷"，而不是"差不多就好"；

④ 以质量不符合要求的代价为衡量质量的方法，而不是用指数来评核。

3. 零缺陷质量管理执行的 14 个步骤

① 管理阶层的承诺；

② 团队行动；

③ 设定标准；

④ 确定质量的成本；

⑤ 对质量的反思；

⑥ 改正的行动；

⑦ 计划零缺陷的活动；

⑧ 员工的教育；

⑨ 设立零缺陷日；

⑩ 设定目标；

⑪ 消除引起错误的因素；

⑫ 选出质量改善的榜样；

⑬ 建立质量委员会；

⑭ 从头做起。

4. 什么是零缺陷质量管理的 6 个 C

零缺陷质量管理的 6C 是了解（Comprehension）、承诺（Commitment）、能力（Competence）、沟通（Communication）、改正（Correction）、持续（Continuance）。

"了解"是真正明白所需，并将所谓传统智慧的思考方式抛诸脑后，这是一个立意提高质量的企业改变企业文化的关键。

"承诺"是表达献身投入此项工作的方式，应由主管人员开先端，其他人员相继跟进，这种根深蒂固的决心才能更新企业文化，而主管人员表达决心的方式，应是以身作则和坚决肯定。

"能力"是完成质量改善工作的方法，每件事情都必须朝改进企业文化的方向发展，而且必须是自动自发的。"改正"是确实掌握目前的问题，追根究底，彻底根绝问题的来源以达到防微杜渐的目标。

"沟通"是使与企业有关的所有人员，包括供应商和客户，都彻底明白并支持质管行动，要达到这个目标，唯一的方式就是由企业主动和这些人接触，使他们明白自己在改善质量中所扮演的角色。

"持续"是指对过去不可忘却，对未来确实掌握，无论情况如何好转，都不可有丝毫懈怠。

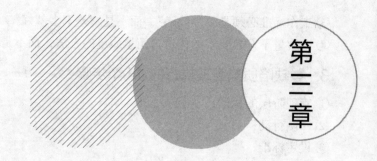

第三章

懂得质量检验方法

质量检验就是对产品的质量特性进行观察、测量、试验，并将结果与规定的质量要求进行比较，以判断质量特性合格与否的一种活动。

质量把关是质量检验最基本的职能，通过检验实行把关职能，做到不合格的原材料不投产、不合格的半成品不转序、不合格的零部件不组装、不合格的产品不出厂，才能真正保证产品的质量。

抽样检验

一、抽样检验的类型

1. 什么是抽样检验

抽样检验又称抽样检查，是从一批产品中随机抽取少量产品（样本）进行检验，据以判断该批产品是否合格的统计方法和理论。它与全面检验的不同之处在于，后者需对整批产品逐个进行检验，把其中的不合格品拣出来，而抽样检验则根据样本中的检验结果来推断整批产品的质量。如果推断结果认为该批产品符合预先规定的标准，就予以接收；否则就拒收。所以，经过抽样检验认为合格的一批产品中，还可能含有一些不合格品。

2. 抽样检查的分类

按检验特性值的属性可以将抽样检验分为计数型抽样检验和计量型抽样检验两大类。

（1）计量型抽样检验。有些产品的质量特性，如灯管的使用寿命、棉纱拉力、炮弹的射程等，都是计量型抽样检验。用抽取样本的连续尺度定量地衡量一批产品质量的方法称为计量抽样检验方法。

（2）计数抽样检验。有些产品的质量特性，如焊点的不良数、测试坏品数以及合格与否，只能通过离散的尺度来衡量，把抽取样本后通过离散尺度衡量的方法称为计数抽样检验。计数抽样检验中对单位产品的质量采取计数的方法来衡量，对整批产品的质量，一般采用平均质量来衡量。计数抽样检验方案又可分为：标准计数一次抽检方案、计数挑选型一次抽检方案、计数调整型一次抽检方案、计数连续生产型抽检方案、二次抽检、多次抽检等。

① 一次抽检方案。一次抽检方案是最简单的计数抽样检验方案，通常用（N，n，C）表示。即从批量为 N 的交验产品中随机抽取 n 件进行检验，并且预先规定一个合格判定数 C。如果发现 n 中有 d 件不合格品，当 $d \leq C$ 时，则判定该批产品合格，予以接收；当 $d > C$ 时，则判定该批产品不合格，予以拒收。例如，当

$N=100$，$n=10$，$C=1$，则这个一次抽检方案表示为（100，10，1）。其含义是指从批量为 100 件的交验产品中，随机抽取 10 件，检验后，如果在这 10 件产品中不合格品数为 0 或 1，则判定该批产品合格，予以接收；如果发现这 10 件产品中有 2 件以上不合格品，则判定该批产品不合格，予以拒收。

②二次抽检方案。和一次抽检方案比，二次抽检方案包括 5 个参数，即（N，n_1，n_2；C_1，C_2）。其中

n_1—抽取第一个样本的大小；

n_2—抽取第二个样本的大小；

C_1—抽取第一个样本时的不合格判定数；

C_2—抽取第二个样本时的不合格判定数。

二次抽检方案的操作程序是：在交验批量为 N 的一批产品中，随机抽取 n 件产品进行检验。若发现 n 件被抽取的产品中有不合格品 d，则

若 $d_1 \leqslant C_1$，判定该批产品合格，予以接收。

若 $d_1 > C_2$，判定该批产品不合格，予以拒收。

若 $C_1 < d_1 \leqslant C_2$，不能判断。在同批产品中继续随机抽取第二个样本进行抽样检验，对 n_2 件产品进行检验。若发现 n_2 中有 d_2 件不合格品，则根据（d_1+d_2）和 C_2 的比较做出判断。

若 $d_1+d_2 \leqslant C_2$，则判定该批产品合格，予以接收。

若 $d_1+d_2 > C_2$，则判定该批产品不合格，予以拒收。

例如，当 $N=100$，$n_1=40$，$n_2=60$，$C_1=2$，$C_2=4$，则这个二次抽检方案可表示为（100，40，60；2，4）。其含义是指从批量为 100 件的交验产品中，随机抽取第一个样本 $n_1=40$ 件进行检验，若发现 n_1 中的不合格品数为 d_1，则做如下判断。

若 $d_1 < 2$，则判定该批产品合格，予以接收。

若 $d_1 > 4$，则判定该批产品不合格，予以拒收。

若 $2 < d_1 \leqslant 4$（即在 n，件中发现的不合格品数为 3，4 件），则不对该批产品合格与否做出判断，需要继续抽取第二个样本，即从同批产品中随机抽取 60 件进行检验，记录样本中的不合格品数。

若 $d_1+d_2 \leqslant 4$，则判定该批产品合格，予以接收。

若 $d_1+d_2 > 4$，则判定该批产品不合格，予以拒收。

（3）多次抽检方案。多次抽检方案是允许通过三次以上的抽样最终对一批产品合格与否做出判断。按照二次抽检方案的做法依次处理。以上讨论的是计数抽样检验方案，计量抽样检验方案原理相同。

二、常用的抽样方法有哪些

抽样检验的方法有 3 种：简单随机抽样、系统抽样和分层抽样。

1．简单随机抽样

简单随机抽样是指一批产品共有 N 件，如其中任意 n 件产品都有同样抽样检验的可能性被抽到，如抽奖时摇奖的方法就是一种简单随机抽样。简单随机抽样时必须注意不能有意识抽好的或差的，也不能为了方便只抽表面摆放的或容易抽到的。

2．系统抽样

系统抽样是指每隔一定时间或一定编号进行，而每一次又是从一定时间间隔内生产出的产品或一段编号产品中任意抽取一个或几个样本的方法。这种方法主要用于无法知道总体的确切数量的场合，如每个班的确切产量，多见于流水生产线的产品抽样。

3．分层抽样

分层抽样是指针对不同类产品有不同的加工设备、不同的操作人员、不同的操作方法时对其质量进行评估时的一种抽样方法。在质量管理过程中，逐批验收抽样检验方案是最常见的抽样方案。无论是在企业内或在企业外，供求双方在进行交易时，对交付的产品验收时，多数情况下验收全数检验是不现实或者没有必要的，经常要进行抽样检验，以保证和确认产品的质量。验收抽样检验的具体做法通常是：从交验的每批产品中随机抽取预定样本容量的产品项目，对照标准逐个检验样本的性能。如果样本中所含不合格品数不大于抽样方案中规定的数目，则判定该批产品合格，即为合格批，予以接收；反之，则判定为不合格，拒绝接收。

三、抽样检验如何具体实施

1．制订抽样计划

（1）单次抽样计划。检验的样本单位数，应等于抽样计划中所定的样本大小，如样本中发现的不良品个数小于或等于允收数时，则认为可以允收该批。如不良品的个数大于或等于拒收数时，则拒收该批。

（2）双次抽样计划。检验的样本单位数，应等于抽样计划中所确定的第一次样本大小。如第一次样本中发现的不良品个数小于或等于第一次的允收数时，则认为可以允收该批，如第一次样本中发现的不良品个数大于或等于第一次的拒收数时，则拒收该批。如第一次样本中发现的不良品个数是介于第一次允收数与拒收数之间，则应检验同样大小的第二次样本。第一次及第二次样本中发现的不良品个数，应加以累计。如累计的不良品个数等于或小于第二次允收数时，则认为可以允收该批。如累计的不良品个数等于或大于第二次允收数时，则应拒收该批。

（3）多次抽样计划。多次抽样的计划的程序与双次抽样计划所规定的相类似，最多可以进行7次抽样。

2. 抽样检验与全数检验

表3-1描述了抽样检验与全数检验的特点与区别。

表3-1 抽样检验与全数检验的特点与区别

全数检验	抽样检验
（1）对全部产品逐件进行检验，实际上是判定单位产品是否合格	（1）随机抽取部分产品进行检验，由样本推断产品批是否合格
（2）检验工作量大，费时、费力、费用高，经济性差	（2）检验工作量小，可能节省大量人力、物力和时间，有利于降低检验成本
（3）当检验本身不出错时，合格批中只有合格品	（3）合格批中可能含有不合格品；不合格批中也可能含有合格品
（4）检验人员处于长期紧张的工作状态中，易于疲劳，造成检验的无意差错，有可能使不合格品混入合格品中	（4）检验时间比较宽裕，有利于减少或避免检验差错，弥补抽样检验固有的缺陷
（5）有可能把不合格品判为合格品，或把合格品判为不合格品，错判的是单位产品	（5）有可能把不合格批判定为合格批，或把合格批判定为不合格批，错判的是整批产品
（6）当产品不合格时，拒收的仅是单位产品，生产方损失不大	（6）当批不合格时，拒收的是整个产品批，生产方损失严重，迫使生产方不得不重视提高产品质量，强化质量管理
（7）检验人员无须抽样技术的特别专门训练	（7）检验人员需要合理的抽样方案和采样技术，掌握数理统计推断知识和方法
（8）适用于费用低，易于判定合格与否的产品检验。对于需要保证每件产品的质量，不允许有不合格品的产品以及涉及人身安全和社会环境安全的产品必须采用全数检验	（8）适用于大批量生产的产品及广大面积（如资源及社会调查）调查。对于破坏性检验只能采取抽样检验

3. 计量值与计数值

（1）计量值。在数轴上连续分布的数值体系，由数轴上有限或无限范围内的所有点构成（如长度公差10mm±0.1mm）。

（2）计数值。由数轴上有限个点可指明的无限个点组成的数值体系，在数轴上呈离散分布，是不连续的数值，计数值可分为计件值（如不合格品数）和计点值（如疵点、污点、气泡等）。

（3）计量值在一定的情况下可转为计数值，计数值导出的质量指标仍属计数值。

4. 抽样方法的挑选

（1）按选定的质量指标属性确定。按选定的质量指标属性划分有计数抽样检验与计量抽样检验，计数抽样检验与计量抽样检验的比较见表 3-2。

表 3-2 计数抽样检验与计量抽样检验的比较

质量表示方法	计数抽样检验		计量抽样检验
	计件值	计点值	
质量表示方法	合格品、不合格品	缺点数	
检验	不需要熟练工进行检验 检验设备简单 计算简单 对多个检验项目可以进行综合判定		需要熟练人员进行检验 检验设备复杂 计算复杂 需要对各个检验项目分别判定 检验项目多时，批的综合不合格品率不能保证检验所需时间长 检验记录复杂
	检验所需时间少 检验记录简单	检验所需时间较少检验记录较简单	
应用时在理论上的限制	除随机抽样外，对进行式无限制		除随机抽样外，限于使用于特性值呈正态分布的情况
优质批和劣质批的判别力和检验个数	要得到相同的判别力，样本容量要大。若检验个数相同，则判断力下降		欲获得相同的判别力，样本容量较小。检验个数相同时，判别力提高
检验记录的应用	检验记录用于其他目的的程度		检验记录在其他方面的应用程度高
	低	较低	
适用场合	检验费用比产品价格低时，检验时不太花时间，设备和人力检验项目多，欲对批质量综合保证		检验费用比产品价格高时，检验时花费较多时间
	不合格品全部替换成合格品	缺陷修理或修补面合格品	

① 计数抽样检验。用计数值作为批的判定标准，适用于不合格品数或缺陷数，表示单位产品质量的检验。

② 计量抽样检验。用计量值作为批的判断标准，适用于检验单位产品质量特

性呈正态分布的情况。

（2）按抽取样本的次数确定。

① 一次抽样检验：只根据抽取一次样本的检验结果判定合格与否。

② 二次抽样检验：根据第一次抽样检验结果可做出接收、拒收或再一次抽样检验判断。

③ 多次抽样检验：可能超过二次抽样的检验。

④ 序列抽样检验：事先不规定样本抽样次数，每检一个或一组产品，将累积结果与依此判定基准比较，做出接收、拒收或继续检验的判断，直到做出最终判断。

不同次数的抽样方案对比见表3-3。

表3-3 不同次数的抽样方案对比

项 目	一次抽样方案	二次抽样方案	多次抽样方案	序列抽样方案
检验费用	大	中	小	小
检验量的变化	无	稍有	有	有
操作繁简的程度	简单	中等	复杂	复杂
心理效果	差	中	良	良
平均抽验件数	大	中	小	最小
适用场合	单位产品检验费用低的场合	单位产品检验费用稍高，力图减少抽验件数的场合	单位产品检验费用高，抽样方便，检验简单，强烈要求减少检验件数的场合	单位产品检验费用高，抽样方便，检验简单，及迫切要求减少检验件数的场合

5. 计数抽样方案的确定

（1）抽样方案。实施抽样检验时，规定从一批产品中抽取样本的次数、样本大小、产品批接收或拒收的判定规则，以及抽样检验程序的技术规范，称为抽样方案。

（2）计数抽样方案的参数。

① 某一批交验产品批量为 N；

② 随机抽取 n 件产品构成样本；

③ 接收批量最大允许不合格品数 Ac（Acceptance）；

④ 拒收批量最小允许不合格品数 Re（Rejection）。

（3）计数抽样方案的判定。

① 当样本中不合格品数 $d \leqslant Ac$，判交验批合格；

② 当 $Ac < d < Rc$，判不定，继续抽检；

③ 当 $d \geqslant Re$，判交验批不合格。

（4）计数抽样的表示。

① 用 N、n、Ac、Re 表示一个抽样方案记作（N、n、Ac、Re）；

② 当批量比样本足够大（$N \geqslant 10n$）时，记作（n、Ac、Re）；

③ 对一次抽样 $Re=Ac+1$，在企业中最为常用；

④ 对多次抽样，每次 N、Ac、Re 在方案中都已明确规定。

6. 什么是合格质量水平（AQL）

（1）合格质量水平。抽样检验中认为可以接收的连续提交检查批的过程平均上限值，称为合格质量水平，也称可接收质量水平（AQL）。AQL 一般用每百单位产品不合格品数或不合格表示。

（2）合格质量水平的确定方法。

① 根据过程平均确定；

② 由供需双方协商确定；

③ 根据用户要求确定；

④ 根据损益平衡点确定；

⑤ 根据消费者长期希望得到的平均质量确定。

（3）AQL 确定的参考数据（表 3-4）

表 3-4　AQL 的参考数据表

分类			AQL/%
按产品最终使用要求		很高	≤ 0.1
		高	≤ 0.65
		一般	≤ 2.5
		低	≥ 4.0
按不合格品类别	进厂验收	重不合格品	0.65、1.5、2.5
		轻不合格品	4.0、6.5
	出厂验收	重不合格品	1.5、2.5
		轻不合格品	4.0、6.5
按缺陷类别	进厂验收	致命缺陷	0.25
		重缺陷	1.0
		轻缺陷	2.5
按产品质量性能		电气性能	0.4 ～ 0.65
		力学性能	1.0 ～ 1.5
		外观	2.5 ～ 4.0

续表

分类	AQL/%			
	重不合格数		轻不合格数	
	项目数	AQL/%	项目数	AQL/%
按产品检验项目数	1 ~ 2	0.25	1	0.65
	3 ~ 4	0.40	2	1.0
	5 ~ 7	0.65	3 ~ 4	1.5
	8 ~ 11	1.0	5 ~ 7	2.5
	12 ~ 19	1.5	8 ~ 18	4.0
	20 ~ 48	2.5	> 18	6.5
	> 48	4.0		

（4）抽检步骤。抽样程序如图 3-1 所示。

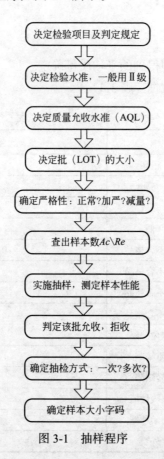

图 3-1　抽样程序

（5）样本大小字码。

① 调整型抽样检验中用以代表一定检查水平和批量范围内样本大小的字码；

② 批量越小，样本字码越大，样本也越大；

③ 检查水平超高时，样本字码越大，样本也越大；

④ 批量太小时，不同检查水平用相同的样本字码。

7. 样本大小字码

样本大小字码表见表 3-5。

表 3-5　样本大小字码表

批量范围	特殊检查水平				一般检查水平		
	S-1	S-2	S-3	S-4	Ⅰ	Ⅱ	Ⅲ
1～8	A	A	A	A	A	A	B
9～15	A	A	A	A	A	A	C
16～25	A	A	V	B	B	C	C
26～50	A	B	V	C	C	D	E
51～90	B	B	C	C	C	E	F
91～150	B	B	C	D	D	F	G
151～280	B	C	D	E	E	G	H
281～500	B	C	D	E	F	H	J
501～1200	C	C	E	F	G	J	K
1201～3200	C	D	E	G	H	K	L
3201～10000	C	D	F	G	J	L	M
10001～35000	C	D	F	H	K	M	N
35001～150000	D	E	G	J	L	N	P
150001～500000	D	E	G	J	M	P	Q
≥500001	D	E	H	K	N	Q	R

8. 工厂常用的抽样标准 MIL—STD—105E

（1）决定品质水准。定下良品、不良品的判定基准，对于无法用文字表述的部分，必须设定实物样品。

（2）设定 AQL。不良率从 0.01 到 10，共有 16 级，每 100 单位内缺点数从 0.01

到 1000，共有 26 级，选定其中合适的一级。具体级别为：0.010，0.015，0.025，0.040，0.065，0.10，0.15，0.25，0.40，0.65，1.0，1.5，2.5，4.0，6.5，10，15，25，40，65，100，150，250，400，650，1000。

（3）设定检查水准。从检查水准Ⅰ，Ⅱ，Ⅲ中选定一种。

①如果没有特别指定时，采用水准Ⅱ。

②一些简单的物品，即使批次误判的比率大于Ⅱ，也不会有太大影响时，为了缩小采样数量，可用水准Ⅰ。

③对一些重要的物品，为了减少误判的比率，可以用水准Ⅲ。

④特别水准为 S-1、S-2、S-3、S-4 四级，像一些破坏性检查，由于费用高，为了通过又少又准的采样来判定批次时，可以用特别水准来判定。

（4）设定抽检方式。确定采用一次采样、多次采样等其中的一种；

（5）确定检查的松紧度。确定采用正常检查、严加检查、放宽检查中的一种，最初一般都是从正常检查开始，取得实效之后，再调整松紧度。

第二节 / # 进料检验（IQC）

一、IQC 的内容及应用方法

进料检验规范进料检验又称验收检验，是管制不让不良原物料进入物料仓库的控制点，也是评鉴供料商主要的资讯来源。所进的物料，又因供料厂商的品质信赖度及物料的数量、单价、体积等，加以规划为全检、抽检、免检。全检的特点是数时少，单价高。抽检的特点是数量多，或经常性物料。免检的特点是数量多，单价低，或一般性补助或经认定列（一般不实行）为免检厂商或局限性物料。

1. 检验项目

大致可区分为外观检验，尺寸、结构性检验，电气特性检验，化学特性检验，物理特性检验，机械特性检验。各种产品依要求项目，列入检验。

2. 检验方法

（1）外观检验：一般用目视、手感、限度样本。

（2）尺寸检验：如游标卡尺、千分尺。

（3）结构性检验：如拉力计、扭力计。

（4）特性检验：使用检测仪器或设备（如万用表、电容表、示波器等）。

二、IQC 的实施特点

1．IQC 的内容及应用方法

（1）IQC 是 Incoming Quality Control 的缩写，意思是来料检验，主要指从供应商处采购的材料、半成品或成品零部件在加工和装配之前，应进行检查，以确定其完全符合生产的要求。

（2）IQC 对于所购进的物料，可分为全检、抽检、免检等几种形式，主要取决于以下因素。

① 物料对成品质量的重要程度；

② 供料商的品质保证程度；

③ 物料的数量、单价、体积、检验费用；

④ 实施 IQC 检验的可用时间；

⑤ 客户的特殊要求等。

2．IQC 的实施特点

（1）IQC 并不意味着必然对产品进行实物检查，有时仅仅是对供料商提供的附属检验材料的验证。

（2）IQC 的宽严程度与供料商的质量保证程度有一定的关联。对于一家刚刚供货的新供料商的产品，一般按正常抽样标准来检验，甚至对一些关键物料进行 100% 全检；对于供货时间很长，极少出现质量问题的供料商，则会放宽检验，直至免检。

（3）绝大多数进厂材料是依据检验报告来接收的。

① 如果进货符合检验标准，则进行标识后转入货仓或进入正常生产程序。

② 如果 IQC 发现来料不符合检验标准，应对货物进行隔离。并及时通知供料商处理。

③ 如果时间紧迫，来不及对进料判定就必须下线生产时，则必须加以明确标识并具有可追溯性；万一发现来料不合格，应隔离用此批物料加工的产品，并采取措施加以补救。

三、进料检验规范（SIP）

1．SIP 的对象及实施

SIP，即 Standard Inspection Procedure 检验标准，也译为检验规范。

（1）检验规范是写明检验作业有关的文件，用来规定作业的程序及方法，以利于检验工作的进行；

（2）检验范围主要明确了对于进料（Incoming Materials）的5W1H。

① Why（为什么要检验）；

② What（检验什么）；

③ When（何时检验）；

④ Who（谁执行检验）；

⑤ Where（在何处检验）；

⑥ How（怎样检验）。

2. 检验项目

检验项目一般包括以下内容。

① 外观检验；

② 尺寸、结构性检验；

③ 电气特性检验；

④ 化学特性检验；

⑤ 物理特性检验；

⑥ 机械特性检验；

⑦ 包装检验；

⑧ 型式检验。

3. 检验方法

检验方法一般采用随机抽样方法。

（1）外观检验：一般用目视、手感限度样本。

（2）尺寸检验：如游标卡尺、分厘卡、塞规（GO/NO GO GAUGE）。

（3）结构性检验：如拉力计、扭力计。

（4）特性检验：使用检测仪器或设备，如使用示波器来检验电气性能等。

4. 检验方式

所进的物料，由于供料商的品质信赖度及物料的数量、单价、体积等，可分为全检、抽检、免检。

（1）全检：数量少，单价高，适用于重要来料。

（2）抽检：数量多，或经常性的物料，为大多数的检验方式。

（3）免检：数量多，单价低，或一般性补助或经认定列为免检厂商的物料。

制程检验（PQC）

一、制程检验的职责及权限

1. 制程检验的基本概念

制程检验通常是指制造企业从物料投入生产到产品最终包装过程的品质控制，不同的企业因生产规模、生产类型、产品种类的差异，制程检验的具体要求也不相同，但制程检验的思路和控制的目的是一致的。如图 3-2 所示是制程检验流程图。

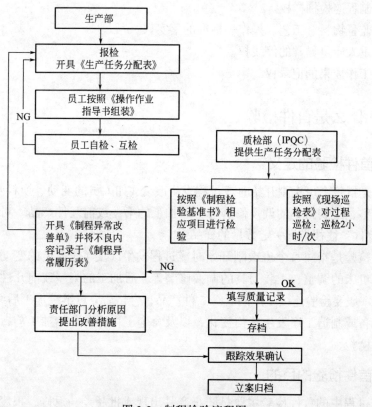

图 3-2　制程检验流程图

2. 制程检验（PQC）的职责及权限

（1）负责生产现场生产首件的确认。

（2）按照巡检方案对生产全过程进行监控，并填写巡检报表。

（3）负责生产现场品质状态的标识与记录。

（4）负责生产现场品质异常反馈及跟踪处理结果。

（5）发现生产过程中品质不稳定因素，提出改善建议。

（6）协助生产组长监督和指导员工作业手法。

（7）按成品检验程序和检验标准对车间送检成品进行检验。

（8）有权放行检查合格的部品和成品。

（9）正确及时执行上级指示。

（10）组长临时交办事务的处理和相关工作的配合。

（11）检验仪器的管理。

3. 制程检验（PQC）的权限

（1）生产过程的首件检验确认权。

（2）制程巡检抽样权。

（3）监督物料、工艺、操作、标准的落实权。

（4）重大质量异常的停线权。

（5）工作成果的记录权。

二、什么是首件检验

1. 首件检验的定义

首件是指每个班次刚开始时或过程发生改变（如人员的变动、换料及换工装、机床的调整、工装刀具的调换修磨等）后加工的第一或前几件产品。对于大批量生产，"首件"往往是指一定数量的样品。

首件检验是指对每个班次刚开始时或过程发生改变（如人员的变动、换料及换工装、机床的调整、工装刀具的调换修磨等）后加工的第一或前几件产品进行的检验。一般要检验连续生产的 3～5 件产品，合格后方可继续加工后续产品。

在设备或制造工序发生任何变化，以及每个工作班次开始加工前，都要严格进行首件检验。

2. 首件检验的目的

生产过程中的首件检验主要是防止产品出现成批超差、返修、报废，是预先控制产品生产过程的一种手段，是产品工序质量控制的一种重要方法，是企业确保产品质量，提高经济效益的一种行之有效、必不可少的方法。

（1）首件检验是为了尽早发现生产过程中影响产品质量的因素，预防批量性的不良或报废。

（2）首件检验合格后方可进入正式生产，主要是防止批量不合格品的发生。

（3）长期实践经验证明，首件检验制是一项尽早发现问题、防止产品成批报废的有效措施。通过首件检验，可以发现诸如工夹具严重磨损或安装定位错误、测量仪器精度变差、看错图样、投料或配方错误等系统性原因存在，从而采取纠正或改进措施，以防止批次性不合格品发生。

3. 首件检验的情况

通常在下列情况下应该进行首件检验。

（1）一批产品开始投产时。

（2）设备重新调整或工艺有重大变化时。

（3）轮班或操作工人变化时。

（4）毛坯种类或材料发生变化时。

4. 首件检验的时机场合

（1）每个工作班开始。

（2）更换操作人员。

（3）更换或调整设备、工艺装备（包括刀具更换或刃磨）。

（4）更改技术条件、工艺方法和工艺参数（如粗糙度要求变更、内孔铰孔更改为镗孔、数控程序中走刀量或转速等的改变）。

（5）采用新材料或材料代用后（如加工过程中材料变更等）。

（6）更换或重新化验槽液等（如磷化、氮化等）。

5. 首件检验的要求

（1）首件检验采用三检制，即自检、互检及专检。

（2）三检制是指送检的产品必须先由操作人员进行"自检"，然后再由班组长或同事进行"互检"，最后由检验员"专检"，确定合格后方可继续加工后续产品。

（3）首件检验后是否合格，最后应得到专职检验人员的认可，检验员对检验合格的首件产品，应标上规定的标记，并保持到本班或一批产品加工完了为止（所有首件产品必须留样，留作后续产品对比用，来看过程是否发生变化，并用记号笔标记"√"以示通过首件检验）。

（4）首件检验不合格，需查明原因、采取措施，排除故障后重新进行加工、三检，直到合格后才可以定为首件。

6. 首件检验的主要项目

（1）图号与工作单是否符合。

（2）材料、毛坯或半成品和工作任务单是否相符。

（3）材料、毛坯的表面处理、安装定位是否相符。

（4）配方配料是否符合规定要求。

（5）首件产品加工出来后的实际质量特征是否符合图纸或技术文件所规定的要求。

三、什么是末件检验

1. 末件检验的含义

对本班次生产线或生产设备的末件进行检验，确保生产结束后产品质量仍在合格状态，同时对下一个班次的首件生产进行保证。

2. 末件检验的作用

末件检验可以预防生产过程中的变异，缩小风险品锁定范围。

3. 末件检验的意义

建立末件检验制度是很重要的。一批产品加工完毕后，全面检查最后一个产品，如果发现有缺陷，可在下一批投产前把模具或装置修理好，以免下一批投产出现同样的缺陷。

过程检验是保证产品质量的重要环节，过程检验的作用不是单纯的把关，而是要同工序控制密切地结合起来，判定生产过程是否正常。通常要把首检、巡检同控制图的使用有效地配合起来。过程检验要同质量改进密切联系，把检验结果变成改进质量的信息，从而采取质量改进的行动。必须指出，在任何情况下，过程检验都不是单纯地剔出不合格品，而是要同工序控制和质量改进紧密结合起来。

最后还要指出，过程检验中要充分注意两个问题。

（1）要熟悉"工序质量表"中所列出的影响加工质量的主导性因素。

（2）要熟悉工序质量管理对过程检验的要求。

对于确定为工序管理点的工序，应作为过程检验的重点，检验人员除了应检查监督操作人员严格执行工艺操作规程及工序管理点的规定外，还应通过巡回检查，检定质量管理点的质量特性的变化及其影响的主导性因素，核对操作人员的检查和记录以及打点是否正确，协助操作人员进行分析和采取改正的措施。

四、怎么进行成品入库出库检验

1. 生产送检

（1）成品每批次入库前，生产部必须开出《成品入库送检单》（一式两份，底单品管部保存，原单作为生产部入库的合格证据）连同产品一起报送品管部QA检验。

（2）成品送检前必须满足但不限于以下条件。

① 严格按照该产品工艺流程制作完成。如图 3-3 所示为成品入库检验作业流程图。

② 产品模块和整机均按对应《测试作业指导书》的要求 100% 测试通过。

③ 产品经过生产部专职检验员进行 100% 外观检验合格。

（3）对于急需出货的物料，生产部必须在送检单上标注"急用"字样。

2. QA 抽样检验

（1）QA 接到送检单后，按送检单所述到生产部抽取检验样本至检验台实施检验。

（2）抽样前先确认所抽物料规格型号要与送检单一致，对不符合送检单描述的产品或有证据表明不满足"成品送检前必须满足的条件"要求条件的，QA 可拒绝检验，并即时反馈生产部主管确认处理。

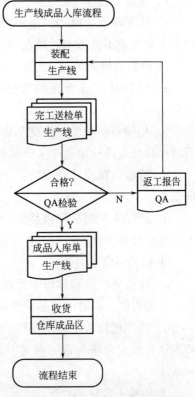

图 3-3　成品入库检验作业流程图

（3）抽样计划采用 GB 2828—2012 正常检查一次抽样方案，详见《正常检查一次抽样方案（GB 2828—2012）》，当出现以下情况时也可采用加严或全检作业。

① 技术结构变更后首次交付；

② 供应商变更后首次交付；

③ 屡次发生质量问题。

（4）检验项目包括以下内容。

① 一般包括产品外观、产品性能、产品包装中的几项或更多内容。

② 具体检验作业依据品质判定标准（《QA 成品品质检验项目及判定标准》）所规定的项目实施。

（5）检验结果判定。

① 检验员根据该次抽样的不合格数量及该批次的抽样方案判定是否合格：

a. 抽样样品中的不合格品数小于允收数时，该批量产品判定为合格。

b. 抽样样品中的不合格品数大于允收数时，该批量产品判定为不合格。

② 不合格缺点有三种，缺点定义如下。

a. 严重缺点（Cr.）：将导致人身伤害或造成产品无法使用的缺点。

b. 主要缺点（Ma.）：将可能造成产品功能故障，降低其使用功能的特点。

c. 次要缺点（Mi.）：指不影响产品的使用、功能的外观缺点，并对产品的使用者不会造成不良影响的缺点。

③ 检验合格的处理。

a. 检验员完成所有的检验项目，并判定合格后，认真填写好《成品检验报告》。

b. 检验员将检验报告交品管经理审核后在送检单上做出合格判定，签字确认后将检验品及送检单送交生产部执行产品入库作业。

c. 检验员在检验完成后必须在产品外包装合适的位置贴上绿色检验合格允收标识单。

d. 产品入库时必须以经品管部 QA 签认合格的《成品入库送检单》作为该批入库品的合格证据，否则，仓库应拒绝该批成品的入库，不得办理入库手续。

④ 检验异常的处理。

a. 检验员在检验过程中发现该产品缺少检验手段或判定标准时要及时要求品质工程师提供，同时上报品管经理处理。

b. 当出现检验不合格及检验过程中发生异常时，检验员要及时知会品质工程师确认并做出合格与否的判定，必要时由品质工程师联络研发技术人员协助分析确认。

⑤ 检验不合格的处理。

产品最终确认为不合格后，检验员要填写好《成品检验报告》并填写《不合格品返修／返工通知单》交品管经理审核并做出最终处理判定后，由检验员在送检单上做出不合格判定，签字确认后将检验品及送检单送交生产部执行返修或返工作业。

a. 返修作业：抽样样品中的不合格品数小于允收数时，不合格品由检验员贴上不合格标识后交生产部负责纠正，纠正后的产品需品管部进行再次检验。

b. 返工：抽样样品中的不合格品数大于允收数时，检验员对检验不合格的个体用标识纸做好相应标识，对检验不合格批要在其包装上贴上红色检验拒收标识单。由生产部返工，返工过程的品质控制由生产部负责，返工后的产品必须通知品管部进行再次检验。

c. 生产部对返工合格后的产品申请再次验证时必须将返修或返工处理结果填入《不合格品返工 / 返修通知单》中，并再次填写《成品入库送检单》。对于同类不合格两次以上的要填写《纠正 / 预防措施活动表》交品管部，否则品管部可拒绝检验，由此造成的后果由生产部负责。

d. 品管部对返修或返工品进行重检后要在《不合格品返工 / 返修通知单》中做好再次检验记录，对返修或返工品的检验判定和处理按"检验结果判定"条文处理。

⑥ 不合格品分析及纠正预防措施。

a. QA 检验到的不合格品由品管部 QE 和生产部技术员对不合格品的产生原因进行共同分析，必要时联络研发工程师协助分析。

b. 分析结果填入《不合格品返工 / 返修通知单》中不合格原因分析栏内。

c. QE 根据不合格的原因做出不合格或不合格批的处理决定，并由品管部经理审核，对于特别重大处理决定要报品管分管副总或总经理批准。生产部按处理决定负责对不合格品或不合格批实施返修或返工作业。

d. 生产部对不合格品的处理完成后要将处理结果填入《不合格品返工 / 返修通知单》中的返修或返工处理结果栏内。

e. 生产部主管应针对 QA 检验不合格情况组织制订相应的改善对策及预防措施，并确保对策和措施得以执行。针对同类型原因导致产品不合格的情况要向品管部提交书面的纠正 / 预防措施报告。

f. 品管 QA 及 QE 要跟踪责任单位纠正预防措施的执行情况并对实施效果进行验证。

五、怎么进行不合格品的控制

1. 什么是不合格品

所谓不合格品，是指企业生产的产品中不符合质量标准的产品，包括废品、返修品和超差利用品三类。加强不合格品管理，一方面能降低生产成本，提高企业的经济效益；另一方面，对保证产品质量，生产客户满意的产品，实现较好的社会效益也起着重要作用。因此，企业不合格品管理不仅是产品质量保证体系的一个重要组成部分，而且也是现场生产管理的一项重要内容。

不合格品管理不只是质量检验也是整个质量管理工作中一个十分重要的任务。

不合格品和废品是完全不同的两个概念，人们常把不合格品管理称为不良品管理。不合格品管理的目的是为了对不合格品做出及时的处置，如返工、返修、降级或报废，但更重要的是为了及时了解制造过程中产生不合格品的系统因素，对症下药，使制造过程恢复受控状态。因此，不合格品管理工作要做到三个"不放过"——没找到责任和原因"不放过"；没找到防患措施"不放过"；当事人没受到教育"不放过"。

2. 不合格品的控制程序

不合格品控制程序是指对不符合质量特性要求的产品进行识别和控制，并规定不合格品控制措施以及不合格品处置的有关职责和权限，以防止其非预期的使用或交付。

产品生产者的质量检验工作的基本任务之一，是建立并实施对不合格品控制的程序，通过对不合格品的控制，实现不合格的原材料、外构配套件、外协件不接收、不投产；不合格的在制品不转序；不合格的零件不配装；不合格的产品不交付的目的，以确保防止误用或安装不合格的产品。

不合格品控制程序应包括以下内容。

（1）规定对不合格品的判定和处置的职责和权限。

（2）对不合格品要及时做出标识，以便识别。标识的形式可采用色标、标签、文字、印记等。

（3）做好不合格品的记录，确定不合格品的范围。

（4）评定不合格品，提出对不合格品的处置方式，决定返工、返修、让步、降级、报废等处置，并做好记录。

（5）对不合格品要及时隔离存放（可行时），严防误用或误装。

（6）根据不合格品的处置方式，对不合格品做出处理并监督实施。

（7）通报与不合格品有关的职能部门，必要时也应通知客户。

3. 不合格品的判定

（1）产品质量有两种判定方法，一种是符合性判定，判定产品是否符合技术标准，做出合格或不合格的结论。另一种是"处置方法"的判定，是判定产品是否还具有某种使用价值，对不合格品做出返工、返修、让步、降级改作他用、拒收报废的处置过程。

（2）检验人员的职责是判定产品的符合性质量，正确做出合格与不合格的结论，对不合格品的处置，属于适应性判定范畴。一般不要求检验人员承担处置不合格品的责任和拥有相应的权限。

（3）不合格品的适应性判定是一项技术性很强的工作，应根据产品未满足规定的质量特性重要性，质量特性偏离规定要求的程度和对产品质量影响的程度制订分级处置程序，规定有关评审和处置部门的职责及权限。

4. 不合格品的隔离

在产品的形成过程中，一旦出现不合格品，除及时做出标识和决定处置外，对不合格品还要及时隔离存放，以防误用或误安装不合格品，否则会直接影响产品质量，还会影响人身健康安全和社会环境，给企业的声誉造成不良影响。因此，产品生产者应根据生产规模和产品特点，在检验系统内设置不合格品的隔离区（室）或隔离箱，对不合格品进行隔离存放，这也是质量检验工作的主要内容。同时还要做到以下几点。

（1）检验部门所属各检验站（组）应设有不合格品隔离区（室）或隔离箱。

（2）一旦发现不合格品及时做出标识后，应立即进行隔离存放，避免造成误用或误装，严禁个人或作业组随意储存、移用、处理不合格品。

（3）及时或定期组织有关人员对不合格品进行评审和分析处理。

（4）对确认为拒收和判废的不合格品，应严加隔离和管理，对私自动用废品者，检验人员有权制止、追查、上报。

（5）根据对不合格品的分析处理意见，对可返工的不合格品填写返工单交相应生产作业部门返工；对降级使用或改作他用的不合格品，应做出明确标识交有关部门处理；对拒收和报废的不合格品应填拒收和报废单交供应部门或废品库处理。

5. 不合格品的处理方式

根据 GB/T 19000—2016 的规定，对不合格品的处置有三种方式。

（1）纠正——"为消除已发现的不合格所采取的措施"。其中主要包括以下内容。

① 返工——"为使不合格产品符合要求而对其所采取的措施"；

② 返修——"为使不合格产品满足预期用途而对其所采取的措施"；

③ 降级——"为使不合格产品符合不同于原有的要求而对其等级的改变"。

（2）报废——"为避免不合格产品原有的预期用途而对其采取的措施"。不合格品经确认无法返工和让步接收，或虽可返工但返工费用过大、不经济的均按废品处理。

（3）让步——"对使用或放行不符合规定要求的产品的许可"。

让步接收是指产品不合格，但其不符合的项目和指标对产品的性能、使用寿命、安全性、可靠性、互换性及产品正常使用均无实质性的影响，也不会引起客户提出申诉、索赔而准予放行的不合格品。让步接收实际上就是对一定数量不符合规定要求的材料、产品准予放行的书面认可。

6. 不合格品的管理

在不合格品管理中，需要做好以下几项工作。

（1）"三不放过"的原则。一旦出现不合格品，则应进行如下处理。

① 不查清不合格的原因不放过。因为不查清原因，就无法进行预防和纠正，不能防止再现或重复发生。

② 不查清责任者不放过。这样做不只是为了惩罚，而主要是为了预防，提醒责任者提高全面素质，改善工作方法和态度，以保证产品质量。

③ 不落实改进的措施不放过。不管是查清不合格的原因，还是查清责任者，其目的都是为了落实改进的措施。

"三不放过"原则，是质量检验工作中的重要指导思想，坚持这种指导思想，才能真正发挥检验工作的把关和预防的职能。

（2）两种"判别"职能。检验管理工作中有两种"判别"职能。

① 符合性判别。符合性判别是指判别生产出来的产品是否符合技术标准，即是否合格，这种判别的职能是由检验员或检验部门来承担。

② 适用性判别。适用性和符合性有密切联系，但不能等同。符合性是相对于质量技术标准来说的，具有比较的性质；而适用性是指适合客户要求而言的，一般说，两者是统一的，但也不尽然。人们可能有过这样的经验，一个完全合格的产品，用起来不一定好用，甚至完全不适用；反之，有的产品，检验指标虽不完全合格，但用起来却能使人满意。可能是由于客户的需求不同，也可能是技术标准的制定本身就不合理，或者有过剩质量。所以不合格品不一定等同于废品，它可以判为返修后再用，或者直接回用。这类判别称为适用性判别。由于这类判别是一件技术性很强的工作，涉及多方面的知识和要求，因此检验部门难以胜任，而应由不合格品审理委员会来审理决定。这类审理委员会在国外称为 MRB （Material Review Board），由设计、工艺、质量、检验、计划、销售和客户代表共同组成，重要产品应有严格的审查程序和制度。

（3）分类处理。对于不合格品可以有以下处理方法。

① 报废。对于不能使用（如影响人身财产安全或经济上产生严重损失）的不合格品，应予报废处理。

② 返工。返工是一个程序，它可以完全消除不合格，并使质量特性完全符合要求，通常返工决定是相当简单的，检验人员就可以决定，而不必提交"不合格品审理委员会"审查。

③ 返修。返修与返工的区别在于返修不能完全消除不合格品，而只能减轻不合格品的程度，使不合格品达到基本满足使用要求而被接收的目的。

④ 原样使用。原样使用也称为直接回用，就是不加返工和返修。直接交给客户。这种情况必须有严格的申请和审批制度，特别是要把情况告诉客户，得到客户的认可。

（4）不合格品的现场管理。不合格品的现场管理主要做好以下两项工作。

① 不合格品的标记。凡经检验为不合格品的产品、半成品或零部件，应当根据不合格品的类别，分别涂以不同的颜色或做出特殊的标志。例如，有的企业在废品的致废部位涂上红漆，在返修品上涂以黄漆，在回用品上打上"回用"的印章等办法，以示区别。

② 不合格品的隔离。对各种不合格品在涂上（或打上）标记后应立即分区进行隔离存放，避免在生产中发生混乱。废品在填写废品单后，应及时放于废品箱或废品库，严加保管和监视，任何人不准乱拿和错用。一旦发现动用废品，以假充真，检验人员有权制止、追查或上报。隔离区的废品应及时清除和处理，在检验人员参与下及时送废品库，由专人负责保管，定期处理销毁。

总之，对不合格品要严加管理和控制，关键在于：对已完工的产品，严格检查，严格把关，防止漏检和错检；对查出的不合格品，严加管理，及时处理，以防乱用和错用；对不合格的原因，应及时分析和查清，防止重复发生。

第四节　成品检验

一、什么是成品检验

1. 成品检验的含义

成品是指做好了的可供使用或出售的企业在报告期内生产的，经检验合格并已包装入库的产品，或虽未入库，但已办理入库手续的产品。

成品检验是对完工后的产品进行全面的检查与试验。

2. 成品检验的内容

成品检验的内容包括产品性能、精度、安全性和外观。只有成品检验合格后，才允许对产品进行包装。

对于制成成品后立即出厂的产品，成品检验也就是出厂检验。

对于制成成品后不立即出厂，而需要入库储存的产品，在出库发货以前，尚需再进行一次"出厂检查"，如某些军工产品，完工检验常常分为两个阶段进行，即总装完成后的全面检验与靶场试验后的再行复验。

3. 成品检验的目的

成品检验目的是防止不合格品流到客户手中，避免对客户造成损失，也是为了保护企业的信誉。

二、成品检验有哪些程序

1. 过程指导

（1）包装检验。核对生产资料，签收包装样板，验证材料、配件、纸箱过程巡检，并记录对包装品质异常予以反馈，并跟进改善。

（2）入库检验。制造部门将待检品送到检验区，成品检验人员核对入库单与待检品的料号与品名按成品入库单的料号、品名，调出该产品的检验标准准备必要的设备与测试程序以每一包装作为一检验批检验允收后，在该批贴"检验允收"的标示，成品检验人员核对允收数量及品名后，签名确认。

（3）出货检验。

① 按出货通知单内容，安排出货产品，通知检验人员验货。

② 成品检验人员按出库通知单中的数量检验送检批，检验方式同入库检验。

③ 按检验标准检验允收后，在该批粘贴"最终检验允收标准"并在查核表上填写检验结果。

④ 核对出库单内容、数量正确无误后，予以放行。

2. 注意事项

（1）当检验数量小于或等于50时，采用全检方式，合格品入库，不合格品予以返工。

（2）当检验数量大于或等于51时，采用抽检的方式。

（3）成品检验合格后，方可入库或出货。

检查后的合格品样品需放加装箱，并将抽样箱的批号记录在相关报告中，以便复核。

3. 检验流程

成品检验流程如图3-4所示。

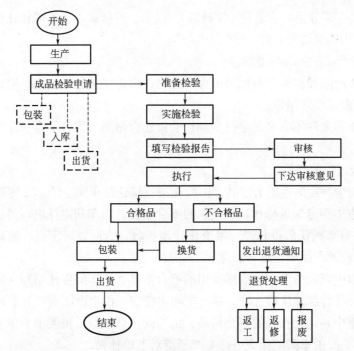

图 3-4 成品检验流程图

三、成品检验后如何处理

1. 合格批的处理

合格批如果判断批合格，应在申请检查表上处理合格，并在现品表中盖合格章。物流部门确认出厂检验合格品才能入库，制造部门核对合格品可以入库。

2. 不合格批的处理

如果判断批不合格，在现品表中盖不合格章。申请检查表中做不合格处理，发《成品出厂检验不合格报告》。按《不合格品控制支持程序》执行。

（1）不合格品被发现后，必须经过记录、标识、隔离、评审和处置过程，未经过上述程序不得投入使用、加工和交付。

（2）不合格品评审。

① 轻微不合格品由检验员直接评审，并将结论记录在《检验记录表》上。

② 重大不合格品（指批量不合格或严重影响产品外观和功能的不合格品）由质管部组织生产部、技术部进行会议评审，并将评审结论记录在《不合格品评审记录表》上，评审结论由质管部经理审核，报总裁审批。

（3）不合格品处置。

① 处置方式分拒收或退货（指材料）、返工、返修或不经返修作让步接收、降级或改作他用、报废等五种。

② 进货产品的不合格处置。

a. 进货产品经检验或验证判定为不合格，由检验员做好标识，通知采购部退换，质管部跟踪处理结果。

b. 根据需要对不合格品进行全部检验挑选合格品入库，不合格品交采购部处理，按a执行。

③ 生产过程的产品处置。

a. 评审中判定为返工的产品，由检验员直接送给车间主任，安排返工。

b. 评审中判定为返修和让步接收的不合格品，由车间主任填写《让步接收申请单》经质管部确认后报总经理批准作让步接收，合同要求定制产品时，使用返修和让步接收的产品应经顾客同意。

c. 评审中判定为降级或改作他用的不合格品，由车间主任填写《降级和改用申请单》，经质管部确认后处理，并由车间主任交一份生产部重新下单补料。

d. 评审中判定为报废的不合格品，由车间主任填写《报废申请单》经质管部确认后报废。并由车间主任交一份生产部重新下单补料。

④ 最终产品不合格处置。评审中判为不合格的产品直接交给检验工段，接下来按"生产过程的产品处置"办法操作。

⑤ 产品交付后，顾客投诉的不合格品按《退货处理流程》操作。

（4）所有返工、返修产品，在返工或返修后由检验员重新检验。

（5）所有返工、返修产品记录按《记录控制程序》保存。

（6）各检验员每天将不合格情况进行统计，交检验工段或车间主任汇总、分析。

第五节 / 出货检验

一、什么是出货检验

1. 出货检验的含义

出货检验（Final Quality Control/Outgoing Quality Control，FQC/OQC）是指

产品在出货之前为保证出货产品满足客户品质要求所进行的检验。经检验合格的产品才能予以放行出货。出货检验一般实行抽检，出货检验结果记录有时根据客户要求提供给客户。

最终检验 / 出货检验是验证产品完全符合客户要求的最后保障。当产品复杂时，检验活动会被策划成与生产同步进行，这样有助于最终检验的迅速完成。因此，当把各种零部件组装成半成品时，有必要把半成品作为最终产品来对待，因为有时候它们在装配后往往不能再进行单独的检验。

（1）Final QC（FQC）：一般也称线上最终检验，其检验标准至少应包括检验项目、规格、检验方法等。FQC 的组织制有的企业编在生产部门，有的企业编在质量部门。FQC 检验类型又可分为全检、抽检或巡检。

（2）Outgoing QC（OQC）出货检验，一般在出厂前的最近一段时间进行，尤其对电子产品而言，湿度往往会对产品的质量造成影响。

（3）OQC 的检验有时与 FQC 相同，有时会更加全面，有时则只检查某些项目，比如：①外观检验；②性能检验；③使用寿命检验；④特定项目检验；⑤包装检验。

2. 检验的目的

确保提供客户良好品质的产品，并对产品及制程的改进措施提供迅速的回馈。

3. 检验的构成

（1）检验时机：通常于出厂的当天或前 1 ～ 2 天实施。

（2）检验项目。

a. 外观检验；

b. 尺寸检验；

c. 指定的特性检验；

d. 装机检验；

e. 落地试验；

f. 产品包装与标示检验。

（3）使用抽样方法。

a. 检验记录；

b. 不合格品的处置。

（4）作业标准依据。

a. 出货检验规范；

b. IPQC 检验规范；

c. 抽样计划作业准则；

d. 不合格品处理作业程序；

e. 制程稽核作业程序；

f. 制程检验与测试作业程序；

g. 检验与测试状况作业程序；

h. 鉴别与追溯作业程序；

i. 装机检验规范；

j. 最终检验与测试作业程序；

k. 矫正与预防措施作业程序；

l. 品质记录管制作业程序；

m. 测试指导书；

n. BOM、ECN、出货计划表。

二、出货检验有哪些程序

1. 检验准备

（1）营销部根据出货日期提前2天通知品管部安排检验人员对成品进行检验。

（2）品控部在进行检验前2小时，通知仓库进行检验的协作准备。

（3）根据出货通知内容和品控部通知时间，仓库把需要检验的待出货成品搬运至验货区，并挂上"待检"牌。

2. 出货检验

（1）出货检验员依公司以下方式抽取样品：按GB/T 2828—2012 Ⅱ级单次抽样，质量合格水准为 $CRI=0$，$MAJ=1.5$，$MIN=4.0$。必要时，按顾客要求执行抽样。

（2）出货检验员依产品样板、工艺标准、客户相关要求资料及《最终检验指导书》对产品进行全面检验。

3. 检验项目

（1）外观检查。检查产品的外表是否有刮花、伤痕、污渍、水渍，产品是否有变形、受损、配件、组件、零件是否有松动脱落、数量不符及配置错误等。

外观评判必须参照《成品检验标准》及相关样品，评判人员的能力和资格由品控部主管验证。

（2）尺寸检验。检查产品是否符合规格，零配件尺寸是否符合要求，包装材料尺寸是否符合标准。

（3）功能特性试验。检查产品的物理、化学特性是否产生变化和环境对产品的影响程度以及是否有漏水等功能性问题。

（4）使用寿命试验。在模拟状态下或破坏性试验状态下，检测产品的使用寿命参数。

（5）产品包装和标识检查。产品包装方式、数量、包装材料使用，以及标识纸位置和书写内容等是否正确。

4. 不合格判定

根据抽样计划及执行抽样的结果，出货检验员判定不合格的数量，若无法判定时上报品控部主管进行判定，确定不合格品的数量及处理意见；必要时，依实际抽样情况决定是否需要全检。

5. 检验结果判定和标识

（1）出货检验员根据不合格品的确认结果，判定该批产品是否合格。

（2）对于合格产品，在其外箱指定位置进行标识（每一卡板的标示上盖 FQC PASS 印章）。

（3）对于拒收产品，根据《不合格品控制程序》；出货检验员在其上进行标识上盖 FQC REJECT 红色印章，由品控部及时组织研发部、生产部、营销部召开紧急会议并得出处理方案，生产部必须在处理方案得出后一天时间内处理拒收返工品；在处理前仓库作业员不得擅自移动此批产品。

三、出货检验结果如何处理

1. 不合格品的处理

（1）返工、返修。品控部根据检验结果，开具《品质异常处理单》，通知生产部对检验不合格产品进行返工、返修，品控部跟进返工、返修的实施，返工、返修完毕后，必须对其重新检验，直至再次检验合格后方可转入下一道工序。

（2）报废。对于判定为严重不合格产品，生产部应及时填制《报废申请单》申请报废，由品管员负责核实确认审核后交品控主管批准处理，对于批准后的报废品，由申请部门及车间进行报废处理。

（3）完成验货后，出货检验员对出货检验合格品及时填写《FQC 检验报告》并交品控部主管审批后放行，检验报告保存于品控部，作为产品质量或可追溯性的依据；若客户有要求，则按客户要求执行。

2. 客退品的处置

（1）当客户退货时，销售人员须提供客户退货单，通知 FQC 进行客退品检验，检查完成后将检验结果记录在《客退品检验报告》上，并分析填写不良原因及处理措施，交品控部主管审批后分发报告至财务、销售、仓库，由仓库根据报告上处理措施实施报废及通知生产部进行返工或挑选；同时 FQC 应对现场在生产件及成品库存进行重检，重检时须对客户退货的不合格项目进行重点检查。

（2）生产部返工或挑选完成后，将该批次产品交 FQC 质检员再次验收，直至合格入库。

（3）FQC 将《客退品检验报告》原件交品质文员，由品质文员负责统计书写电子档并存档在"FQC 检验客退品统计周报"中，且报品控部主管审批，由主管根据报表参数统计对其中的严重客退项目作相应分析后，与生产部门商讨制订解决方案，预防阻止此批客退现象再次发生。

3. 全尺寸检验和功能试验

（1）当客户有要求时，按客户要求进行全尺寸检验和功能性抽检试验，具体检验作业参照《成品最终检验指导书》。

（2）当客户无要求时，按本企业质量定位标准要求及质量方针进行验收作业。

（3）实验室负责对来样的保管、储存、登记和编号。

（4）测试人员在测试样品前必须对使用的试验设备上的仪表、量具进行检查，是否在有效期内，数值显示是否正常，如有异常立即通知（计量室）或相关技术人员校准和修订。

（5）测试报告。

① 测试报告由测试人员编制，品控部主管审核批准，送发相关部门。

② 测试报告应清晰、整洁，不许涂改，并采用标准计量单位。

③ 测试报告应保证准确性、真实性、权威性。

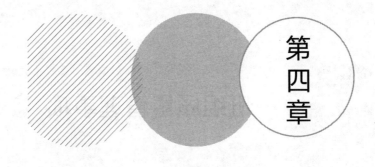

第四章

掌握现场质量管理要点

如果说质量检验是 QC 班组长的工作重点，那么，现场质量管理就是生产班组长的工作重点。故而，生产班组长要深刻认识、全面领会本章的内容。

第一节 / 班组质量管理事项

一、是否按操作标准操作

标准化作业法主要指操作现场作业方法的标准化和质量检测人员工作方法的标准化。标准化作业法是以人的动作为中心，以没有浪费的操作顺序有效地进行生产的作业方法。为了有效地进行生产，就要考虑到标准化作业执行的各种条件，必须有效地组合材料、机器和人。这种组合的过程称为作业组合，这一组合汇总的结果就是标准化作业。如图 4-1 所示为如何制定标准化作业的流程图。

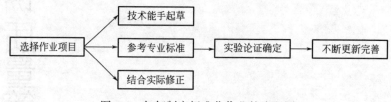

图 4-1 如何制定标准化作业的流程图

1. 什么是标准

班组的日常事务，要依据某种已达成共识的程序来运作，把这些程序清楚地记录下来，就成为"标准"。

所谓"作业标准"，是作业人员实践 QCD（Q 品质，C 成本，D 交货期）必须执行的工作方式。

2. 什么是标准化

所谓标准化，就是按目标能够确保 QCD，并安全地进行生产活动的规定，是企业员工当前最好的作业方法。标准化包括制定标准、执行标准、完善标准3 个步骤。标准化实际上就是制定标准、执行标准、完善标准的一个循环的过程。标准化是企业提升管理水平、追求效率、减少差错的重要手段。无标准、有标准未执行或执行得不好、缺乏一个不断完善的过程等，都不能够称为标准化。

所谓制造就是以规定的成本、规定的工时，生产出品质均匀、符合规格的产品。如果制造现场的作业工序前后次序随意变更，或作业方法或作业条件随人而异有所改变，就一定无法生产出符合上述目的的产品。因此必须要求员工对作业流程、作业方法、作业条件坚持标准化执行。

3. 标准化的目的是什么

标准化的目的就是要依照一定的操作程序，使生产工作依照规定的方法得以顺利进行，并且能取得满意的结果。班组长作为现场基层管理人员，应该要求班组员按照标准进行操作。

简言之，标准化有五大目的：①技术储备，②提高效率，③防止再发，④教育训练，⑤获得最佳秩序。

标准化是为了在一定范围内获得最佳秩序、促进最佳的共同效益。一般来讲，针对具体的标准化对象，标准化的直接目的一般有适用性、相互理解、接口、互换性、兼容性、品种控制、安全性、环保性等。以产品标准为例，标准化的目的可以分为两大类：一类是通过标准化保证产品能够正常、方便地使用；另一类是保证产品或其生产过程不会对环境、人身等造成不良影响。其中，提高效率是标准化的最大目的。

4. 标准作业的三要素

标准作业由以下三个要素构成，缺一不可。

（1）节拍时间。节拍时间是制造一个产品的时间，这是由生产数量和工作时间决定的。

计算节拍时间，要用工作天数除一个月的必需量，得出平均每天的必需量，然后用这个数字去除每天的工作时间。

节拍时间＝工作时间 / 每天的必需量

一旦确定了节拍时间，也就决定了在那段时间里每个人完成工作的作业量。

在这种情况下，工作速度、熟练度等标准，可以由班组长自己设定。因此，当新员工能用与组长相同的时间完成作业量的时候，就说明他可以独当一面了。

（2）作业顺序。作业顺序是指在作业者加工产品时，从原材料向产品转变的过程，包括运输、制品以及原材料上机、下机等，这是伴随着时间的流动而进行作业的顺序，不是指产品流动的顺序。

如果不明确作业顺序，每个人就会按照自己喜欢的顺序进行工作，那么即使是同一个人进行相同的作业，每次的顺序也会有所不同。

如果不遵守作业顺序，就会使忘记加工或有安装错误的产品流向下一道工序，造成设备破损、安装生产线停止等情况，甚至造成客户退货等。

另一方面，进行标准作业时，为了不出现浪费、不匀及不合理的现象，作业顺序又必须具体地、定量地细细区分，以把握现状。比如，明确两只手的使用方法、脚的位置及投入工作的方法等，让作业者理解这些规则，并将其标准化。让大家有一个意识——要这样进行作业。制定标准的人必须能清晰地表达自己的意思，才能拥有一个安全的、快速的生产良好产品的作业顺序。

（3）标准存活量。标准存活量就是指为了顺利进行作业，工序内必需的半成品数量，也包含安装在机器上的产品。

标准存活量，因机器机械配置的方法不同和作业顺序的方式不同而改变，但在推进作业的进程中，任何地方都没有半成品的作业是不成立的。

一般说来，即使是同样的机器配置，如果按加工工序的顺序进行作业，只有机器安装所需的东西就可以了，工序间不会有存活量；可是，如果按照推进工序的相反的顺序进行作业，各个工序间有必要每制造一个产品就出现一个存活量（安装两个的时候就是每两个）。

标准存活量还包含这样的情况：因为品质核查的需要，在什么地方必须有几个半成品，或者不下降到一定的温度就不能完成后面的作业，或者为了把油用完必须有几个半成品。

在这样制定出的标准作业中，标准作业票被贴在各作业现场易于看见的地方，成为新的作业人员开始进行作业时的指导书。另外，老作业人员已经习惯了那个作业，这也成为让他们不要进行标准以外作业的制动器。如果基于标准作业票进行作业时有不方便的地方，也就会引发其后的改善，从而制作出新的标准作业票和作业指导书。

另一方面，由于张贴了指导书和标准作业票，管理者对于作业人员是不是进行正确的作业，或者作业指导书中是否有欠缺就能一目了然了。

5. 良好标准有哪些基本要求

良好标准的制定有下列要求。

（1）目标指向明确。标准必须是面对目标的，即遵循标准总是能确保生产出相同品质的产品。

（2）显示原因和结果。比如"安全地上紧螺钉"。这是一个结果，应该描述怎样上紧螺钉。

（3）准确。要避免抽象"上紧螺钉时要小心"。什么是要小心？这样模糊的词语最好不要出现。

（4）目标要数量化（具体）。每个阅读标准的员工必须能以相同的方式解释标准。为了达到这一点，标准中应该多使用图形和数字。

（5）可操作。标准必须是现实的，即可操作的。

（6）以国际标准为依据。制定的企业执行标准必须与国际通用标准相符合。

（7）实时修订。标准在需要时必须修订。在优秀的企业，工作是按标准进行的，因此标准必须是最新的，是当时正确的操作情况的反映。

6. 标准作业的推进方式

（1）让作业人员彻底地遵守标准作业。不管标准作业完善得多好，作业人员如果不遵守，就没有通畅的作业流程；班组长就必须为解决突发事故，解决不良的作业而忙碌，并且会和很多无意义的工作联系在一起，降低了生产率。另外，为了让作业人员理解遵守标准作业，首先班组长自身必须充分了解掌握标准作业，对作业人员进行深入、透彻的培训指导，直到其能够领悟。

班组长必须把遵守标准作业的理由说清楚，讲清如果不遵守的后果如何，让作业人员具有做出好产品的愿望，以及对待产品品质的责任感。对于不能遵守标准作业的情况，一定要追究不能遵守标准作业的原因，并且必须把标准作业改变为任何人都能简单地遵守的标准。

（2）检查标准作业实施后的结果。班组长很重要的职责是检查标准作业实施后的结果，对于异常状况，彻查原因，并寻找确切的处置办法及时进行处理。班组长就会明确标准作业自身不完备的地方，及时进行修正或向上级报告。班组长要把修正的内容、理由彻底地对全体员工进行公布。另外，班组长基于事实考虑问题、发表看法的态度也很重要。班组长要考虑作业人员是否按照标准作业进行了作业、是否熟练掌握了标准作业的重点等事项。所以，班组长要不断地到作业地点巡查检验，必要时也可以在现场对作业的方法进行实地指导。

（3）应经常改善标准作业。标准作业是改善的基础。不能说"现在的标准作业是唯一的最好的标准作业，所以没有改善的余地"。标准作业一旦设定，并不是意味着在这之上没有更好的作业方法了，标准作业本来就是通过改善，层层积累而产生的，所以必须要经常改善，从而推进新标准的诞生。

7. 按照标准进行可以达成的效果

在企业的内部管理活动中，标准化的作用更加重要。其效果可分为三类：通用效果、附带效果和特别效果。标准化的效果如图4-2所示。

现场操作人员按照操作标准操作，且于每一批的第一件制品加工完成后，必须经过有关专业检验人员实施首件检查，待检查合格后才能继续加工，并由班组长实施随机检查。

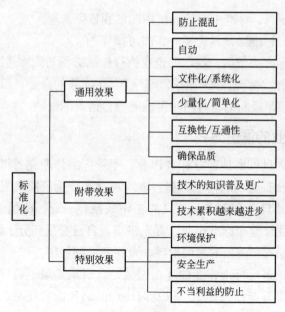

图 4-2 标准化的效果

二、是否按检查标准检查

检查人员确实按照检查标准检查，不合格品检修后需再经检查合格后，才能继续加工。

1. 什么是成品检验

成品检验是对完工后的产品进行全面的检查与试验。

2. 成品检验的内容

成品检验的内容包括：产品性能、精度、安全性和外观。只有成品检验合格后，才允许对产品进行包装。

对于制成成品后立即出厂的产品，成品检验也就是出厂检验。

对于制成成品后不立即出厂，而需要入库储存的产品，在出库发货以前，尚需再进行一次"出厂检查"，如某些军工产品，完工检验常常分为两个阶段进行，即总装完成后的全面检验与靶场试验后的再行复验。

3. 成品检验的目的

成品检验目的是防止不合格品流到客户手中，避免对客户造成损失，也是为了保护企业的信誉。

下面以广西某电子科技有限公司投影仪成品检验规范（功能与外观）为例，便于大家更好地理解。

4. 包装检查标准

表 4-1 为包装检查标准表。

表 4-1　包装检查标准表

检查项目	判定标准	判定结果		
		CR	MAJ	MIN
包装材料外观及包装方法	外包装箱、彩盒使用错误（颜色、规格等）		√	
	外包装箱、彩盒破损、腐蚀、受潮等（轻度损伤、未影响产品运输、储存等防护功能为 MIN）		√	√
	外包装箱、彩盒印刷内容及各类标贴不清楚、不易于辨认			√
	外包装箱、彩盒印刷内容（机型、颜色、IMEI 号等）与实物不符合		√	
	各类标贴、封口胶贴附位置错误（未因错误产生贴附的失效为 MIN）		√	
	包装箱 / 盒内物件漏包装（以 BOM 为准）		√	
	说明书、保修卡等印刷品有折皱痕迹			√
	塑料透明袋破损、包装紊乱，有污渍、异物等			√
	内衬破损、变形、异物、变色			√

5. 外观 / 形检查标准

（1）检查面定义。

A 面：投影仪正面或正常使用时第一眼可看到的表面，如按键的正面、天线正表面。

B 面：不在直视范围，如投影仪的上、下、左、右 4 个侧面和背面其他组件的侧面，以及其他投影仪配件（如充电器、外接线等）的外观面。

C 面：正常使用时看不到的面，如机壳内部、投影仪镜头内部等。

（2）外观术语。外观术语解释见表 4-2。

表 4-2　外观术语解释

划痕	硬器划伤，残留不可去除的痕迹
色点	材料中混入难以区分长宽、形状的斑点
断差	部件组合后产生的高度差
缝隙	部件组合后产生的间隙
异物	与本材料材质不同的、处于表面的一些不必要的、有损外观的异类物质
掉漆	表面颜色涂漆受外力作用脱落
色差	成形或喷漆受色料影响产生颜色与标准样品不同
披锋	由于注塑或压铸模具的原因，在塑料件或压铸件周围多出的飞边
变形	成形时受部分收缩率差异或脱模时受外力影响而形成扭曲的现象

（3）检查条件。

① 环境条件：温度为 15 ～ 35℃，湿度为 20% ～ 80%。

② 照明度：400 ～ 800lx。

③ 视力：矫正视力在 1.0 以上，无色盲、色弱。

④ 距离：人眼与被检物体表面距离约 300mm。

⑤ 时间：单点检测时间为 3 ～ 5s，整体检测时间约为 10s。

⑥ 位置：检视面与桌面约成 45°，上下左右转动约 15°。

（4）判定基本原则。

① 色差、掉漆、透光性：具体根据机型并参照相关样品。

② 显示倾斜、暗淡、异色：具体根据机型并参照相关样品。

③ 熔接线：具体根据机型并参照相关样品，但手握不可有异常感觉，直视面不可有熔接线。

④ 披锋：A 面不可有，B、C 测量面不影响装配，且不影响手感，边长度 ≤ 1mm，突出长度 ≤ 0.2mm。

⑤ 色点及划伤：判定时必须考虑底色及整体感观效果，具体根据机型并参照相关样品。表 4-3 为色点 / 异物 / 划痕检查标准。

表 4-3　色点 / 异物 / 划痕检查标准

检查项目	判定标准	MAJ	MIN
投影窗色点	开机状态可视；$0.5 > D > 0.20$，$N=1$		√

检查项目	判定标准	MAJ	MIN
投影窗镜尘、异物、划痕	中心区域；异物/轻微划痕；$1.5 \geqslant L > 0.5$；$W > 0.10$，$N=1$		√
	边缘区域（显示边缘2.0以内）；异物/划痕 $1.5 \geqslant L > 1.0$；$W > 0.10$，$N=1$（$H \geqslant 20mm$，$N=2$）		√
壳体（含面壳、天线、按键等）表面色点（点）	A面：$0.5 \geqslant D > 0.25$，$N=1$ B面：$0.5 \geqslant D > 0.30$ $N=1$（$H \geqslant 20mm$，$N=2$）		√
壳体（含面壳、天线、按键等）表面异物、划痕（划伤）	异物/划痕，$3.0 \geqslant L > 2.0$；$W > 0.10$		√
	划痕，$L > 3.0$；$W > 0.10$，$N=1$（$H \geqslant 20mm$，$N=2$）	√	

⑥ 缝隙：部品之间组合缝隙判定时必须考虑设计本意，同时内部元件不可目视发现。表4-4为缝隙检查标准。

表4-4　缝隙检查标准

检查项目	判定标准	判定结果	
		MAJ	MIN
上面壳与底壳	$W > 0.20$		√
天线内置处缝隙	$W > 0.20$；两边缝隙差 > 0.10		√
面壳与镜片、装饰板、按键	$W > 0.20$		√

⑦ 按键手感：手压按键时，需感受到按键弹力，且有"嗒嗒"的弹击声，具体根据机型并参照相关样品。

⑧ 断差：任何断差不能有明显刮手现象。

⑨ 以下⑤、⑥、⑦中所述的判定标准，如有界定含糊不清或有与④有冲突之处，均以④为最终原则。说明：D 表示直径、L 表示长度、W 表示宽度，N 表示接收数量，H 表示两缺陷间的距离，单位均为 mm。

表4-5为掉漆、丝印、电镀等检查项目的标准，而表4-6为其他不良描述。

表 4-5　掉漆、丝印、电镀等检查项目的标准

检查项目	判定标准	判定结果	
		MAJ	MIN
部品使用	部品使用错误	√	
	漏装部品	√	
配色、色差	明显色差（偏离基色，无需对比，直接可感观颜色差异）		√
	部品间配色错误	√	
掉漆	正常目视可见		√
丝印	边框丝印超、缺范围：$L \geqslant 1.0$；$W > 0.3$		√
	文字标识模糊不清或缺损（$L \geqslant 0.5$；$W > 0.15$），但未造成字体断开，不影响辨认		√
电镀	电镀层损伤，组装后目视可见		√
氧化、生锈、变色、变形	正常目视可见（不影响电性能）		√
	氧化、生锈、变形等影响电性能	√	
断差	有刮手感觉；$W > 0.20$		√
装饰物（含装饰板、镜片、按键等）下陷、浮高	高度 > 0.20		√
螺钉装配	未拧紧（手动旋转 1 圈以上），螺钉打滑、缺损（不影响组装结果）		√
标贴	损坏、脏物（不影响辨认）或贴附位置错误（不影响贴附作用）		√
	印刷错误	√	

表 4-6　其他不良描述

序号	故障现象	判定结果	
		MAJ	MIN
1	开机指示灯不亮	●	
2	按键无功能、功能紊乱	●	
3	按键手感不良或反应不灵敏		●
4	无声音、声音变调、声音沙哑有杂音	●	
5	开机画面不符合原厂设定	●	

序号	故障现象	判定结果	
		MAJ	MIN
6	SG 卡卡扣或卡座不能固定 SG 卡	●	
7	SG 卡卡扣或卡座过紧或过松		●
8	不能识别 SG 卡或轻轻拍打机体底部出现无法识别	●	
9	不能正常使用耳机	●	
10	软件版本不是有效版本	●	
11	不能投影、投影有闪烁、图像模糊	●	
12	图片库中没有图片（H8000 除外）	●	
13	预存视频不能正常播放	●	
14	充不进电，充电红灯不亮	●	
15	使用充电时充电灯显示不正确或指示灯颜色不正确		●
16	数据线不能与电脑连接	●	

三、抽检资料是否回馈班组

1. 抽样检验

（1）含义。抽样检验又称抽样检查，是从一批产品中随机抽取少量产品（样本）进行检验，据以判断该批产品是否合格的统计方法和理论。它与全面检验不同之处在于后者需对整批产品逐个进行检验，把其中的不合格品拣出来，而抽样检验则根据样本中的产品的检验结果来推断整批产品的质量。如果推断结果认为该批产品符合预先规定的合格标准，就予以接收；否则就拒收。所以，经过抽样检验认为合格的一批产品中，还可能含有一些不合格品。

（2）方式。抽样检验的方法有三种：简单随机抽样、系统抽样和分层抽样。

① 简单随机抽样。简单随机抽样是指一批产品共有 N 件，其中任意 n 件产品都有同样的可能性被抽到，如抽奖时摇奖的方法就是一种简单的随机抽样。简单随机抽样时必须注意不能有意识抽好的或差的，也不能为了方便只抽表面摆放的或容易抽到的。

② 系统抽样。系统抽样是指每隔一定时间或一定编号进行，而每一次又是从一定时间间隔内生产出的产品或一段编号产品中任意抽取一个或几个样本的方法。

这种方法主要用于无法知道总体的确切数量（如每个班的确切产量）的场合，多见于流水生产线的产品抽样。

③ 分层抽样。分层抽样是指针对不同类产品有不同的加工设备、不同的操作人员、不同的操作方法时对其质量进行评估的一种抽样方法。在质量管理过程中，逐批验收抽样检验方案是最常见的抽样方案。无论是在企业内还是在企业外，供求双方在进行交易，对交付的产品验收时，多数情况下验收全数检验是不现实或者没有必要的，经常要进行抽样检验，以保证和确认产品的质量。验收抽样检验的具体做法通常是：从交验的每批产品中随机抽取预定样本容量的产品项目，对照标准逐个检验样本的性能。如果样本中所含不合格品数不大于抽样方案中规定的数目，则判定该批产品合格，即为合格批，予以接收；反之，则判定为不合格，拒绝接收。

2. 质量检验类型

（1）进货验证。

① 仓库保管员对生产购进物资进行核对，确认原材料的品名、数量等无误，包装无损后，置于待检区，并通知检验员检验。必要时，由化验室采样进行微生物和理化指标的检验。

② 检验员根据《检验标准》进行全数或抽样验证，并填写《原料检验记录表》。产品的过程检验由各工序的品管员负责，按照工艺标准对其检验和监控，将检验合格的半成品交付下一道工序，不合格品另行堆放。

a. 检验合格。仓库办理入库手续并做好标识。

b. 检验不合格时，检验员在购进物资上加"不合格"标识，按《不合格品控制程序》进行处理。

③ 采购产品的验证方式。验证方式可包括检验、测量、观察、工艺验证、提供合格证明文件等方式。

（2）半成品的测量和监控。

① 过程检验。对设置检测点的工序，在做好自检自分后将产品放在待检区，检验员依据检验规范进行检验，对合格品，在半成品检验记录上签字后方可转入下一道工序；对不合格品执行不合格品控制程序。

② 互检。下一道工序的操作人员应对上一道工序转来的产品进行互检，确认合格后方能继续生产，对不合格品执行不合格品控制程序。

（3）成品的测量和监控。

① 操作人员对完工后的成品进行自查，并整齐堆放在待检区，做好标记，附挂上待检标识。

② 检验员按产品检验标准规定的要求进行检验，并记录在相应的出厂检验记

录中，做好相应的标识。

③ 成品进行包装后经抽检合格后由仓库保管员按检验员出具的包装生产流程卡办理入库手续，不合格品按不合格品控制程序处理。

④ 所有成品出厂前须由品管部进行感官、理化、微生物项目的检测。产品的成品检验（出厂检验），由专职检验员负责，成品检验员必须对产品过程检验和控制全面了解，确定无误再进行成品检验。

3. 产品的检验记录

（1）品管部应认真建立并保存好产品的检验记录，包括各种检测报告，这些记录应表明产品是否通过测量和控制，达到标准和规范的要求，所有记录应有授权检验人员的签字确认。

（2）品管部是产品的质量检验和监督的专职机构，对原材料进厂、产品生产的过程检验，以及产品入库、出厂全过程的质量检验负责，确实做到不合格原材料不进厂，不合格的半成品不流入下一道工序，不合格的产品不出厂。

（3）检验包装物是否完好无损，不得有脏污和破损现象，若有则按不合格品拒绝出厂。

（4）质量检验工作必须严格按国家标准、行业标准或者企业标准及产品特征进行，生产过程各阶段的检验须客观严肃，让加工人员对本道工序的产品标准熟练掌握，保证本道工序的产品符合要求。

（5）专门的品管员对每一道工序进行跟班检验，生产工人坚持高标准，严格要求，不断提高技术水平，专职检验人员严把质量关。

4. 相关文件管理

质量检验工作会产生以下文件。

（1）不合格品管理制度。

（2）检验规范。

（3）质量记录。

① 原料检验记录（表4-7）。

表4-7　原料检验记录表

年　　月　　日　　　　　　　　　　　　　编号：

产品名称			规　格			生产数量			
项次	物料名称、编号	数量	采购单号	验收日期	供应商	抽样数	及　格		备注
							是	否	

续表

产品名称				规 格			生产数量			
项次	物料名称、编号	数量	采购单号	验收日期	供应商	抽样数	及 格		备注
							是	否	

② 半成品检验记录（表 4-8）。

表 4-8 半成品检验记录表

检验员：   批准：

产品名称		产品规格		操作者		操作者编号	
生产日期		生产批次		检验数量		检验日期	
检验方式				材质			

检验项目	标准要求	检验结果	检验结论	返修项目	返修结果	返修检验记录

不合格品处置：　让步接收（　　　　）　　返修（　　　　）　　报废（　　　　）

注：首件、巡回、完工检验均用此表。

③出厂检验原始记录（表4-9）。

表4-9　出厂检验原始记录表

检验编号		抽样日期		抽样基数	
产品名称		检验日期		抽样人	
生产日期		生产单位			
抽样数量		检验依据			
检验项目	检测数据			检验结果	
感官指标	检测数据			检验结果	
色泽					
香气					
口味					
风格					
酒精度： （20℃ %Vol）	温度： 浓度：				
总酸 /（g/L）：	样品消耗氢氧化钠毫升数： M1（样1）= M2（样2）= 氢氧化钠浓度 /(mol/L)：				

④ 出厂检验记录（表 4-10）。

表 4-10　出厂检验记录表

序号：　　　　　　　　　　　　　　　　　　　　编号：

塔机型号		产品编号		发货时间	
发往何地					

检验内容

	检验项目	检验要求	检验评定	备　注
质量尺寸参数	塔身轴线对支撑面的侧向垂直度	4/1000		支承面至起重臂铰点高度
空载试验	动转情况	正常		
	操纵情况	灵敏、可靠		
载荷试验	动转情况	正常		
	操纵情况	灵敏、可靠		
	最低稳定下降速度匀差	±10%		
	关键零、部件损坏	无		
超载25%静载试验	受力杆件永久变形	无		
	焊缝裂纹	无		
	关键零部件损坏	无		
	吊钩下滑	无		
超载10%动载试验	动转情况	正常		
	操纵情况	灵敏、可靠		
	关键零部件损坏	无		
外观要求	焊缝	表面光整无缺陷		
	紧固件表面处理	防锈处理		
	漆膜表面质量	无脱皮、无气泡、无皱纹、无漏涂		
	铸锻件表面处理	无结疤、无夹渣、无夹层、无裂纹		
连续作业	紧固件	无松动		
	齿轮减速机升温	≤35℃		
	蜗杆减速机升温	≤60℃		
	铸体漆油	≤15cm^2		
	关键零部件损坏	无		

质量管理部人员巡回抽检后，上述所做的管理与分析资料应及时回馈班组长。

四、是否做好异常处理

发现质量异常应立即处理，追查原因，并矫正及记录，防止再发生。

1. 什么是异常

应该做到而没有做到，不应该发生而发生，即维持活动发生了问题，产品的管制基准不好。发生异常时，应立刻进行异常分析。

2. 异常管理的不合理现象

（1）担当单位划分不当。异常分析处理的单位，非由责任单位担当。常见的情形，是由品管或技术单位做原因分析，并下处理对策，然后责任单位实施，而责任单位则以应付的心态处理。

（2）异常处理与改善混为一谈。将异常问题以改善的想法分析，但收集的资料又不够，以致无法找到异常的真正原因。

（3）异常反应单只由品管部填发。制程异常的发现好像只是品管部的责任，与制造现场等其他单位无关。

（4）未能掌握时效。发生异常时须很快恢复正常，故时效的掌握是很重要的，而且越快处理就越容易处理。

（5）找理由、找借口，未依据事实。

（6）未能追根究底。只有找到源头（根本原因），并采取有效对策，才有可能避免发生同样原因的异常。

（7）未追踪确认效果。经异常处置后，没有进一步确认措施是否有效。

（8）仅采取治标措施。没有进一步采取消除造成异常的根本原因的有效措施。

（9）缺乏过程的记录，对异常分析时无法深入。

3. 如何迅速反应异常

（1）明确管制点。

（2）表单有明确的管制基准。表单不是只有记录、统计的功能，而且也能发挥管理的功能。

（3）管理的结果与过程，能通过看板、图表、灯号、颜色等充分显示出来。

（4）明确的异常反应处理制度。

（5）鼓励基层人员提问题。基层人员若能提出问题，应多加赞赏。

（6）培养部属数据观念。

（7）班组长应在下班前或下班后召集部属研讨当日的作业状况。

4. 异常分析的概念

异常分析的概念如图 4-3 所示。异常真因最多 2 ～ 3 个，通常为 1 个。

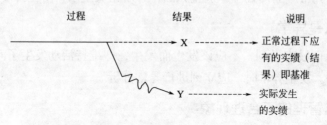

图 4-3　异常分析的概念

5. 异常分析的思考步骤

例如：不良率升高了。

某金属加工厂，3 月 18 日领班甲发现 A 零件昨天的不良率提高了，3 月 16 日以前该零件的不良率一向维持于 1% 以下，但 3 月 17 日的不良率却高达 5%，且有增加的趋势。班组长如何进行异常分析？

（1）进行层别分类以明确哪个不良项目异常，如尺寸不良异常。

（2）抽取少数样品，比较良品与不良品的差异处，必要时分解样品作比较（个体）。

（3）将收集的数据画成直方图，并与前面的直方图比较（整体）。

（4）调查发生异常前 4M1E 有何变化。

（5）将变化与差异特征结合，以推演最可能的原因。

（6）查证。

6. 异常分析正确的态度

（1）分析者应有的态度。

① 客观地自我检讨才会进步。

a. 找原因，不应找借口、理由。

b. 根据数据、事实，而非猜测、假设。

② 锲而不舍，追根究底 5-WHY 分析。

③ 不可为分析而分析。

a. 统计手法主要用于界定异常真相。

b．可能原因的推演则须配合专业知识。

（2）上司对异常应有的态度。

① "异常解决" 重于 "责任追究"。

a．若下属在日常业务发生异常时，能对过程进行彻底分析，防止再发生同类事件，且属于 "善意实施" 下的异常，最好不要太计较责任的追究。

b．若下属未进行上项活动，而发生同样异常，则要严格追究责任。

② 培养下属及时准确地报告异常处理过程。

7．异常处置

（1）何谓异常处置。异常处置如图4-4所示。

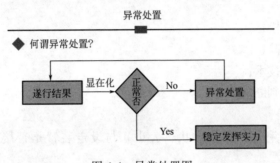

图4-4 异常处置图

（2）处置方式。

① 应急措施。消除 "异常现象"，紧急 "应变"，及 "调整" 为 "临时性" 措施（治标）。

② 防止再发。消除 "异常真因"，使之不重复发生异常（治本）。

（3）应急措施的具体做法。

① 明确发生异常时的状况。

② 将异常现象迅速通知有关单位，并要求其参与处理。

③ 对过程采取处置措施，使异常现象被暂时控制而不再恶化。

④ 将异常群体进行区别，对不良品进行修理，调整或对人员进行培训。

⑤ 将处置内容记入异常报告书。

（4）再发防止的具体做法。

针对异常真因进行下列动作。

① 检讨相关标准。

a．标准有否？标准明确否？答案若是否定，则增订标准。

b．标准遵守否？若遵守标准而结果又不好，则修改标准。

c. 标准了解否？若不了解则须教育培训标准。

② 对策愚巧化。若牵涉到要小心、注意、加强等因素，则尽量考虑使用愚巧法，也就是防止呆笨的人做错事。

③ 再发防止→防患未然。

a. 横向做水平展开。

b. 纵向做源流管理。

c. 使同样原因的问题不但不会再在原发生单位重复发生，而且，整个企业皆不会重复发生，甚至将源头因素消除掉。

（5）愚巧法。

① 意义：疏忽也不致造成不好结果，或外行人也不会做错的方法。

② 效果。

a. 作业变轻松；

b. 作业没危险；

c. 作业不靠技术；

d. 作业不靠判断。

③ 方式。

a. 接触式：利用产品（形状、大小）与设定装置是否接触，以确定有无异常。

b. 定数式：利用实际动作次数与规定动作次数作比较，以确定有无异常。

c. 动作步骤式：利用实际动作步骤与规定步骤比较，以确定有无异常。

发生异常时可用"引起注意方式""停止运转方式"与"区别不良品方式"。

④ 范围。

a. 颜色管理；

b. 目视管理；

c. 视、听、嗅、触等感官的应用；

d. 治具；

e. 自动化。

（6）异常处理流程（图 4-5）。

8. 做好检查仪器量规校正

仪器量规要注重管理并按期校正，以确保检验仪器量规的精准，防止因仪器量规的误差而产生不良，并延长检验仪器量规的使用寿命。

（1）所有检验仪器量规均需建卡，并指定专人负责保管、使用、维护保养及校正。

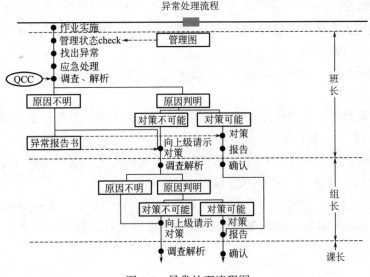

图 4-5 异常处理流程图

（2）为使员工确实了解正确的使用方法，以及维护保养与校正工作的实施，凡有关人员均需参加讲习，由质量管理单位负责排定课程讲授，如新进人员未参加讲习前就须使用检验仪器量规时，则由该单位派人先行讲解。

（3）检验仪器量规应放置于适宜的环境（要避免阳光直接照射，保持适宜的温度），且使用人员应依正确的使用方法实施检验，使用后，如其有附件者应归复原位，以及尽量将量规存放于适当盒内。

（4）有关维护保养方面。

① 由使用人负责实施。

② 在使用前后应保持清洁且切忌碰撞。

③ 维护保养周期实施定期维护保养并做记录。

④ 检验仪器量规如发生功能失效或损坏等异常现象，应立即送请专门技术人员修复。

⑤ 长期不使用的电子仪器，宜定期插电开动。

⑥ 一切维护保养工作以本企业现有人员实施为原则，若限于技术上或特殊方法而无法自行实施时，则委托设备完善的其他机构协助，但须要提供维护保养证明书，或相当的凭证。

（5）有关校正方面。

① 由质量管理单位负责实施，并做记录，但在使用前后或使用中必须校正者，则由使用人员随时实施。

② 定期校正。依校正周期，排定日程实施。

③ 临时校正。

a. 使用人在使用时发现，或质量管理单位在巡回检验时发现检验仪器、量规不精准，应立即校正。

b. 检验仪器、量规如功能失效或损坏，经修复后，必须先校正才能使用。

c. 外借收回时。

④ 检验仪器、量规经校正后，若其精密度或准确度仍不符合实施需要，应立即送请专门技术人员修复。

⑤ 若因技术上或设备上的困难，而无法自行校正者，则委托设备完善的其他机构代为校正，但须要求提供校正证明。

⑥ 检验仪器、量规经专门技术人员鉴定后，认为必须汰旧换新者，以及因检验工作实际的需要，必须新购或增置者，得由质量管理单位依本企业请购规定请购。

第二节 / # 如何进行现场质量控制

一、建立现场质量保证体系

1. 质量保证体系的建立

质量保证体系是 TQM 深入发展的必然产物，也是 TQM 的精髓和核心。

建立质量保证体系是 TQM 的基本要求。推行 TQM 必须建立起一个完善的高效率的质量保证体系。企业既要提高客户对产品质量的满意程度，又要有效地降低成本，就必须建立起一个明确的、结构完善的体系，用来标识、记录、协调和维持在企业的全部生产经营过程中，为确保产品质量进行的全部关键性活动。质量保证体系，用文件的形式明确质量管理的组织结构，落实质量管理职责，规定质量管理程序，控制质量管理过程，有效分配人力、物力及信息资源，使企业的各项质量管理工作相互协作，互相促进，形成完整的质量管理网络。

质量保证体系是一个系统，在这个系统中不仅需要企业各个阶层各个部门为提高产品质量采取行动，更需要互相协作，共同发挥作用。只有这样，才能把TQM 落到实处，为客户提供高质量的产品和服务。

建立企业的质量保证体系应从各种角度去考虑。从过程方面考虑，要建立设计、生产、销售及售后服务的质量保证体系；从部门方面考虑，要建立全厂的、车间的、工段的、班组的质量保证体系；从职能方面考虑，则要建立质量教育系统、标准化系统、质量信息反馈系统、计量检定系统、质量监督系统及组织保证系统等。

建立和健全质量保证体系还必须做到加强统一领导，严格贯彻质量责任制、制定质量方针、确定质量目标、编制质量计划，并做好加强质量教育、推行 QC 小组、贯彻标准化、计量工作、质量情报工作等基础工作。

2．现场质量保证体系

现场质量保证体系是全面质量管理体系的组成部分，它的活动既要有自己的特性，又要服从企业质量保证系统活动的需要，形成质量管理活动的一体化。

（1）现场质量保证。现场质量保证就是上一道工序向下一道工序担保自己所提供的在制品或半成品及服务的质量，满足下一道工序在质量上的要求，最终确保产品的整体质量。

（2）现场质量保证体系。现场质量保证体系可以把各环节、各工序的质量管理职能纳入一个统一的质量管理系统，形成有机整体；把生产现场的工作质量和产品质量联系起来；把现场内的质量管理活动和设计质量、市场信息反馈沟通起来，从而使现场质量管理工作制度化、经常化，有效地保证企业产品的最终质量。

3．现场质量保证体系的内容

（1）现场的质量目标。

① 实现产品质量的要求，达到规定的产品质量标准。

② 完成或达成质量管理方面的指标，如废品率、一级品率等。

③ 严格按规定的工艺文件操作。

④ 尽可能是把车间班组质量目标定量化，按照项目、内容、要求、时间和负责人加以落实和考核。

（2）质量信息系统。

① 质量标准信息。即各种有关产品的标准和质量管理活动的要求。

② 质量反馈信息。即根据生产现场的各种检验记录、质量报告、工序控制记录等文件，动态地反映出质量现行状态的信息。

现场质量信息系统中，一线员工起主要作用。员工一方面按质量标准信息操作，另一方面提供了大量必要的质量反馈信息。

（3）现场质量保证体系的运行。

现场质量保证体系以工艺员为核心，车间有关的作业者、班组长、工长、检验员、生产调度员、设备工具技术员等参加，按各自的职责分工和一定的工作程序，不断地进行 PDCA 的管理循环。

那么，如何在班组实现现场质量保证体系正常运行呢？关键有两点。

① 抓好重点工序的管理。

a. 班组长要让每一个职工都清楚地了解重点工序所在位置；

b. 重点工序的作业者必须经过严格的训练和资格认定；

c. 一旦发生异常，班组长有权停工检查，进入处理程序。

② 多使用 PDCA 循环，推动体系正常运行。

在 PDCA 循环中，"策划（P）—实施（D）—检查（C）—处理（A）"的管理循环是现场质量保证体系运行的基本方式，它反映了不断提高质量应遵循的科学程序。下一节对此再予详述。

二、大力推行"三检制"

质量管理的三检制是指操作人员自检、员工之间互检和专职检验人员专检相结合的一种质量检验制度。"三检制"有利于调动员工参与企业质量检验工作的积极性和责任感，是任何单纯依靠专业质量检验的检验制度所无法比拟的。班组长要十分熟悉和掌握质量管理三检制的具体内容。

1. 自检

（1）自检就是操作人员对自己加工的产品，根据工序质量控制的技术标准自行检验。

（2）自检的最显著特点是检验工作基本上和生产加工过程同步进行。

（3）通过自检，操作人员可以真正及时地了解自己加工的产品的质量问题以及工序所处的质量状态，当出现问题时，可及时寻找原因并采取改进措施。

（4）自检制度是员工参与质量管理和落实质量责任制度的重要形式，也是三检制能取得实际效果的基础。

自检进一步可发展为"三自检制"，即操作者"自检、自分、自记"。"三自检制"管理流程图如图 4-6 所示。

"三自检制"是操作人员参与检验工作，确保产品质量的一种有效方法。不但可以防止不合格产品流入下一道工序，及时消除异常因素，防止产生大批不合格品，而且产品无论流转到哪道工序，只要发现问题，便可以找到责任者，操作人员对产品质量必须负责到底。

2. 互检

（1）互检就是员工之间相互检验。一般是指下一道工序对上一道工序流转过来的在制品进行抽检；同一工作地轮班交接时的相互检验；班组质量员或班组长对本班组员工加工的产品进行抽检等。

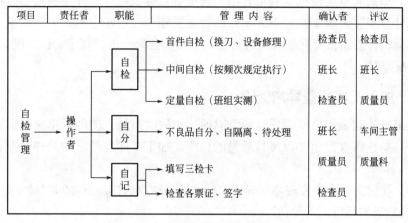

图 4-6 "三自检制"管理流程图

（2）互检是对自检的补充和监督，同时也有利于员工之间协调关系和交流技术。

3. 专检

（1）专检就是由专业检验人员进行的检验。专业检验人员熟悉产品的技术要求，工艺知识经验丰富，检验技能熟练，效率较高，所用检测仪器相对正规和精密，因此，专检的检验结果比较正确可靠。

（2）由于专业检验人员的职责约束，与受检对象的质量无直接利害关系，其检验过程和结果比较客观公正，所以，三检制必须以专业检验为主导。

（3）专业检验是现代化大生产劳动分工的客观要求，已成为一种专门的工种与技术。

三、及时处理现场不良品与质量异常

1. 不良品的统计与管理

不良品是指不符合产品图样要求的在制品、返修品、回用品、废品及赔偿品。

生产制造过程中的不良品，应根据有关质量的原始记录，进行分类统计；还要对废品种类、数量、生产废品所消耗的人工和材料、产生废品的原因和责任者等，分门别类地加以统计，并将各类数据资料汇总编制成表，为进一步单项分析和综合分析提供依据。对不良品统计分析后，要查明形成原因，及时处理，防止再度发生。

质量检验员对现场出现的不良品要进行确认，做好标记，开不良品票证，建立台账。车间质量员根据检验员开出的票证进行数量统计，并用板报形式将"不良品统计日报"公布于众。当天出现的废品要陈列在展示台上，由技术员、质量员、检验员、班组长及其他有关人员在展示台前会诊分析，判定责任，限期改进，防止事故重演。

2. 加工工序质量异常处理

班组长要明确制订发现质量异常时所应采取的措施，使问题迅速确实地得到解决，并防止再次发生，以维持质量的稳定。加工工序质量异常处理要点有以下几项。

（1）在加工工序中发现质量异常，应立即采取临时措施并填写"异常处理单"（表4-11）通知质量管理单位。

表 4-11　异常处理单

年　月　日　　　　　　　　　　　　　　　　　　编号：

异常现象	经办人： 年　月　日
班组车间 意见	签章 年　月　日
质量管理 部门建议	签章 年　月　日
厂长批示	签章 年　月　日
备注	

（2）填写"异常处理单"时，需注意以下几点问题。

a．非生产者不得填写。

b．同一异常如果已填单，在24小时内不得再填写。

c．详细填写，尤其是异常内容以及临时措施。

d．如本单位就是责任单位，则先确认。

（3）质量管理单位设立管理簿登记，并判定责任单位，通知其妥善处理，质量管理单位无法判定时，则会同有关单位判定。

（4）责任单位确认后须立即调查原因（如无法查明原因，则会同有关单位研商）并拟定改善对策，经厂长核准后实施。

（5）质量管理单位对改善对策的实施进行稽核，了解现况，如仍发现异常，则请责任单位调查，重新拟订改善对策；如已改善，则向厂长报告并归档。

四、搞好现场质量控制

现场质量控制的要领如下。

1．设备

（1）设计质量检测程序或设备本身具有自动检测装置。

（2）使机器设备保持良好的运作状态。

2．质量控制过程

（1）使每一道作用工序都成为质量控制点。

（2）在可行的条件下，对每一个产品部件或每一项服务作业后即刻进行检测。

（3）当对每一个产品部件或每一项服务即刻进行作业后检测不可行时，应将作业的质量绩效尽快地直接反馈给具体作业人员。

3．组织管理

（1）授权给每一个员工，一旦发现有质量问题，可以停止生产，直到质量问题得到解决。

（2）每一个作业小组对其作业范围内的质量缺陷负责，并予以纠正。

（3）将可纠正的质量缺陷问题返回给产生该质量缺陷的作业人员，而不是交给其他人员来返工。

（4）应给予足够的时间来确保正确完成作业。

（5）在可行的条件下，生产系统中人员与设备的作业布局采用流程式作业。

（6）组织作业人员采取质量环或团队工作方式。

（7）培训员工在作业中应用统计过程控制方法。

五、在班组推行生产要素 4M 管理

1. 4M 管理的四个要素

班组现场 4M 内容如下。

（1）操作者（Man）——现场直接从事作业的人。

（2）机器设备（Machine）——夹具、检具、量具及模具等。

（3）材料（Material）——原材料以及从前工序送来的半成品和零部件。

（4）方法（Method）——作业条件和周围环境条件。

2. 作业方法的管理

为使每天生产的产品质量控制在规定的基准内，应严格按管理周期（PDCA）反复循环。

（1）制订作业计划（P）。

（2）按计划进行作业（D）。

（3）检查工作质量，与规定基准对照（C）。

（4）出现异常时，调查原因。

（5）出现不良时能认真追究原因并排除原因（A）。

（6）班组长应该将标准向员工彻底说明。

3. 操作人员的管理

为降低不良率，从操作人员到管理者都要进行质量意识培训。

（1）所有员工应做好的工作。

① 完全能遵守作业标准。

② 增强质量意识，能努力想办法制造出合格品。

③ 能充分理解并按要求的质量标准进行操作。

④ 对机器、夹具、检具等能进行充分保养和点检；努力认真做出有效对策。

（2）班组长应做好的工作。

① 加强对员工的技能训练。

a. 让员工充分理解质量标准和作业标准。

b. 按要求进行充分训练。

c. 进行个别而且具体的指导。

② 提高员工的质量意识。

a. 加强对自己作业质量的控制。

b. 提高对自己工作重要性的认识。

c. 加强全面质量管理思想和方法的宣传教育。

4. 设备的管理

为了提高生产的经济性，对使用的设备在故障发生前就能发现不良问题，应要求做到以下几项工作。

（1）使用设备的人员必须进行日常点检、设备清洁及定期点检等工作。

（2）设备点检的方法要详细地记录在点检表上。

（3）根据点检表将点检结果记录在点检表上。

（4）将设备维修情况及时记录在维修履历上。

5. 材料的管理

好的材料＋好的生产＝好的产品

这里的材料不只是指原材料，也包括生产中所使用的零件和辅助材料等。主要是加强验收检查，改进保管方法，避免材料的碰伤、变形及变质等。

第三节 / 如何推进班组质量管理

一、影响班组产品质量的主因

班组产品质量的主要环节和存在问题，集中反映在工作质量上，即操作波动和质量检测。操作波动是指操作过程中发生的各种异常操作因素。

产生操作波动的主要原因有五点。

（1）责任心不强，没有做到勤观察勤调节；

（2）执行工艺和操作规程不严，操作失误多；

（3）技术素质低，既不会分析又不会处理；

（4）设备维护保养差，设备带病运转；

（5）上下工序协调配合差，生产不稳定。

这五点是导致操作波动的主要原因，只有把造成操作波动的原因解决好，把影响产品质量的"五个原因"控制起来，才能稳定生产，提高产品质量。

质量分析检测不严也是影响产品质量的主要原因之一，质量检测是严把质量关，指导班组生产的"眼睛"。

班组产品质量分析大致分为以下几种。

（1）对生产过程分析把关，指导操作；

（2）对半成品、成品分析检测，把好产品出厂关；

（3）通过分析检测，收集整理数据，发现关键所在，进行因果分析，为进一步提高质量采取技术组织措施，确保生产始终保持最佳状态。

二、如何进行产品质量日常检查

为避免员工疏忽而导致不良的影响，使全体员工重视质量管理，确实为提高产品质量、降低成本，班组长需要加强本班组的工作现场、生产操作、质量标准、质量维持、设备维护、厂房安全和卫生等可能影响产品质量的日常检查和管理。

1. 工作检查

必须由各班组长配合单位主管共同执行。

（1）频率。①正常时每两周1次，每次2～3人。②新进人员开始时每周1次，熟练后，依正常频率进行。③特殊重大的工作则视情况而定。

（2）制作工作检查表。

2. 生产操作检查

频率为每周3次，每次2人。

3. 自主检查

对每个检查组每2～3天检查一次，并视情况调整。

4. 外协厂商质量管理检查

（1）质量管理部成品科会同有关单位人员，不定期地巡回检查各协作厂商、原料供应加工厂商。

（2）制作外协厂商质量管理检查表。

5. 质量保管检查

（1）检查对象包括原料、加工品、半成品、成品等。

（2）频率为每周1次。

（3）制作质量保管检查表。

6. 设备维护检查

频率为每周2次，每次2～3台设备。

7. 厂房安全卫生检查

频率为每周 1 次。

三、如何提高生产直通率

1. 什么是直通率

直通率（First Pass Yield，FPY）是衡量生产线出产品质水准的一项指标，用以描述生产质量、工作质量或测试质量的某种状况。具体含义是指，在生产线投入 100 套材料中，制品第一次就通过了所有测试的良品数量。因此，经过生产线的返工（Rework）或修复才通过测试的产品，不列入直通率的计算中。

直通率是测量全过程产出率的指标，是利用资源把输入转化为输出的活动或者一组活动。如果把活动也界定它的输入和输出，那么，这样的活动称为"作业"，它也是一个小过程。整个大的过程，也有叫流程，可以看成是几个作业、小过程组成的。

通过率（Throughput yield）是测量过程产出的指标，它表明产品可以无缺损通过某一个作业的概率值。而流通合格（Rolled Throughput Yield，RTY）是测量产品可以无缺损通过整个流程的概率值。它也是产出率的指标之一。

2. 直通率的计算公式

直通率的计算公式有以下几种形式（依生产取样不同而异）。

（1）产品直通率 =[进入过程件数 -（返工 + 返修数 + 退货数）]/ 过程件数 ×100%；

（2）直通率 =（直通合格数 / 投入总数）×100%。

有时直通率比良品率更能代表生产线真正的品质水准。

3. 如何提高生产直通率

提高直通率的方法如下所示。

（1）减少返工；

（2）强化全员品管，落实"AAA"活动计划；

（3）源头管控，首件确认把关，SQC 运用，解决问题能力；

（4）产品知识教导，考核，制程巡检制度建立；

（5）QC 稽核问题的改善，工作纪律、工程纪律的要求；

（6）产品技术资料、制造规格、契约内容的准确性；

（7）逐步推动生产标准化，制程治具化，仪器仪表精确化，作业改善省力化，设备运行正常化；

（8）异常处理的时效性，制程事件预防能力提高。

四、有效提高本班组产品质量

1. 强化质量意识教育

强化质量意识教育，就是要全面提高员工对质量的认识。广大员工，特别是班组长要把提高质量教育放在自身工作的重中之重，牢固树立没有质量，就没有竞争力，没有质量，就没有发展的意识。

2. 抓好平稳操作

平稳操作是提高产品质量的关键环节，平稳操作就是要稳定工艺。

（1）抓好交接班。交接班是了解上一班生产、工艺、质量、安全、设备运行及遗留问题等的过程，对于稳定下一班生产工艺和质量至关重要，要严格按交接班的要求进行交接。

（2）严格执行操作规程。要求班组成员能熟练掌握技术规程的主要内容，如工艺操作法，工艺条件，工艺参数，安全技术要求等，都严格按照技术规程进行操作，特殊情况听从班组长或上级指示进行调整。

（3）开展岗位培训，提高技术素质。以培训基本动作、基本技能和学习基本理论为主，紧密结合生产实际进行实际训练，通过岗位培训活动，不断提高员工的技术水平，增强岗位实际操作本领，使其在生产过程中同生产工具实现最佳结合，达到优化生产，提高劳动效率的目的。

3. 开展 QC 活动

QC 小组是群众性的质量攻关活动，是员工参与质量管理的好形式，班组长要在生产过程中充分发挥班组成员的聪明才智，开展好此项活动，组织攻关、小革新、小改革和开展合理化建议活动，解决班组产品质量存在的疑难问题和薄弱环节，提高工作质量和产品质量，提高经济效益。

4. 完善岗位质量负责制

建立、完善岗位质量负责制是确保产品质量的可靠保证，在生产过程和工作中必须严格执行。质量负责制执行情况要与班组经济责任制挂起钩来，做到优奖劣罚，实现对产品质量的自我控制、自我检查、自我保证，从而实现优质高产，提高经济效益，加速企业的发展。

5. 掌握班组品质管理要点

（1）操作人员一定要根据操作标准进行操作，且于每一批的第一件加工完成后，必须经过有关人员实施首件检查，待检查合格后，才能继续加工，各班组长应实施随机检查。

（2）检查人员一定要根据检查标准进行检查，不合格品检修后须再经检查合格后才能继续加工。

（3）品质管理部制程科要派员巡回抽验，做好制程管理与分析，并将资料回馈有关单位。

（4）发现品质异常应立即处理，追查原因，并矫正及做好记录，防止再发生。

（5）检查用的仪器量规，要妥善管理和科学校正。

第四节 / 积极参与全面质量管理

一、什么是全面质量管理

全面质量管理（TQM）就是为完全满足客户的需要，企业各部门综合进行全方位改进质量的方法和过程，目的是为最经济地进行生产和服务而建立有效的质量管理体系。

1. 什么是全面

"全面"在全面质量管理中，主要包括三个层次的含义。

（1）运用多种手段，系统地保证和提高产品质量；

（2）控制质量形成的全过程，而不仅仅是制造过程；

（3）质量管理的有效性应当是以质量成本来进行衡量和优化。

因此，全面质量管理不仅仅停留在制造过程本身，而且已经渗透到了质量成本管理的所有过程之中。

2. TQM 的含义

全面质量管理（Total Quality Management，TQM）中，Total 指的是与企业有联系的所有人员都参与到质量的持续改进过程中；Quality 指的是完全满足客户明确或隐含的要求；而 Management 则是指各级管理人员要充分地进行工作协调，以保证质量管理的顺利推进。

3. TQM 的 "三全"

根据 ISO 9000 的定义，质量管理是指一个组织以质量为中心，以全员参与为基础，目的在于通过让客户满意和本组织所有成员以及社会受益而达到长期成功的管理途径。

由此可见，质量管理的全过程应该包括产品质量的产生、形成和实现的过程。要保证产品的质量，不仅要管理好生产过程，还需要管理好设计和使用的过程。

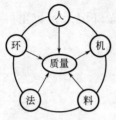

图 4-7　影响产品质量
的五大因素图

通常认为，影响质量的因素主要有 5 个，即人员、机器、材料、方法和环境，简称人、机、料、法和环，如图 4-7 所示。为了保证和提高产品质量，既要管理好生产过程，也要管理好设计和使用的过程，要把所有影响质量的环节和因素控制起来，形成综合性的质量体系。

因此，全面质量管理不仅要求有 "全面" 的质量概念，还需要进行 "全过程" 的质量管理，并强调 "全员参与"，即 "三全" 的 TQM。

二、TQM 的基本特点

TQM 的核心思想是企业的一切活动都围绕着质量来进行。它不仅要求质量管理部门进行质量管理，它还要求从企业最高决策者到一般员工均应参加到质量管理过程中。TQM 还强调，质量控制活动应包括从市场调研、产品规划、产品开发、制造、检测到售后服务等产品寿命周期的全过程。可以看出，TQM 的基本特点是全员参加、全过程、全面运用一切有效方法、全面控制质量因素、力求全面提高经济效益的质量管理模式。

① 全员参加意味着质量控制由少数质量管理人员扩展到企业的所有人员。

无论高层管理者还是普通办公职员或一线工人，都要参与质量改进活动。参与 "改进工作质量管理的核心机制"，是 TQM 的主要原则之一。

② 全过程是指将质量控制从质量检验和统计质量控制扩展到整个产品寿命周期。

③ 全面运用一切有效方法是指应用一切可以运用的方法，而不仅仅是数理统计法。

④ 全面控制质量因素意味着把影响质量的人、机器设备、材料、工艺、检测手段、环境等全部予以控制，以确保质量。

全面的质量包括产品质量、工作质量、工程质量和服务质量。

事实证明，产品的质量与制造成本的关系很大，为了保证产品质量并降低生产成本，要取得全面经济效益，就必须进行 TQM。

另外，TQM 还强调以下观点。

① 客户第一的观点，并将客户的概念扩充到企业内部，即下一道工序就是上一道工序的客户，不将问题留给客户。

② 预防的观点，即在设计和加工过程中消除质量隐患。

③ 定量分析的观点，只有定量化才能获得质量控制的最佳效果。

④ 以工作质量为重点的观点，因为产品质量和服务均取决于工作质量。

三、TQM 现场质量管理有何要求

1. 现场质量管理的含义

现场质量管理又称制造过程质量管理、生产过程质量管理，是全面质量管理中一种重要的方法。它是从原材料投入到产品形成整个生产现场所进行的质量管理。搞好现场质量管理可以确保生产现场生产出稳定和高质量的产品，使企业增加产量，降低消耗，提高经济效益。

2. 现场质量管理的对象

现场质量管理以生产现场为对象，以对生产现场影响产品质量的有关因素和质量行为的控制和管理为核心，通过建立有效的管理点，制订严格的现场监督、检验和评价制度以及现场信息反馈制度，进而形成强化的现场质量保证体，使整个生产过程中的工序质量处在严格的控制状态，从而确保生产现场能够稳定地生产出合格品和优质品。

3. 现场质量管理的要求

现场质量管理法对操作者和检验员有特别的要求。

（1）对操作者的要求。

① 学习并掌握现场质量管理的基本知识，了解现场与工序所用数据记录表和控制图或其他控制手段的用法及作用，懂计算数据和打点。

② 清楚地掌握所操作工序管理点的质量要求。

③ 熟记操作规程和检验规程，严格按操作规程（作业指导书）和检验规程（工序质量管表）的规定进行操作和检验，做到以现场操作质量来保证产品质量。

④ 掌握本人操作工序管理点的支配性工序要素，对纳入操作规程的支配性工序要素认真贯彻执行；对由其他部门或人员负责管理的支配性工序要素进行监督。

⑤ 积极开展自检活动，认真贯彻执行自检责任制和工序管理点管理制度。

⑥ 牢固树立"下一道工序是用户、用户第一"的思想，定期访问用户，采纳

用户正确意见，不断提高本工序质量。

⑦ 填好数据记录表、控制图和操作记录，按规定时间进行抽样检验、记录数据并计算打点，保持图表和记录的整洁、清楚和准确，不弄虚作假。

⑧ 在现场中发现工序质量有异常波动（点越出控制限或有排列缺陷），应立即分析原因并采取措施。

（2）对检验员的要求。

① 应把建立管理点的工序作为检验的重点，除检验产品质量外，还应检验监督操作人员执行工艺及工序管理点的规定，对违章作业的人员要立即劝阻，并做好记录。

② 检验员在现场巡回检验时，应检查管理点的质量特性及该特性的支配性工序要素，如发现问题应帮助操作人员及时找出原因，并帮助采取措施解决。

③ 熟悉所负责检验范围现场的质量要求及检测试验方法，并按检验指导书进行检验。

④ 熟悉现场质量管理所用的图表或其他控制手段的用法和作用，并通过抽检来核对操作人员的记录以及控制图点是否正确。

⑤ 做好检查操作人员的自检记录，计算他们的自检准确率，并按月公布和上报。

⑥ 按制度规定参加管理点工序的质量审核。

四、TQM 推行的关键点

1. 质量第一

始终把质量放在第一位。

2. 为客户服务

一切围绕客户的需要。

3. 质量形成于生产全过程

产品质量形成于生产的全过程，这一过程是由若干个相互联系的环节所组成的，从供应商提供原料、进厂检验控制、上线生产、质量检验，直到合格品入库，每一个环节都或大或小地影响着产品质量的最终状况。这样也就决定了 TQM 的管辖范围。

4. 质量具有波动的规律

掌握质量变化的波动性。

5. 质量控制以自检为主

在 TQM 过程中，对质量的控制应该以自检为主。这样的质量管理方式也就意味着在全过程的生产制造中必须树立强烈的自我质量意识，而不是等到质量部门检验以后才形成质量的概念。

6. 质量的好坏用数据来说话

一是平常有记录；二是以记录为依据。

7. 质量以预防为主

在传统的质量管理中，往往是通过产品生产后的检验来控制产品的质量，这种质量保证方式并不能防止缺陷的产生，仅仅是一种补救措施。在 TQM 中，必须意识到质量应该以预防为主，通过事前管理的方式来降低产品的成本。

8. 科学技术、经营管理和统计方法相结合

注重科学技术的应用，科学统计样本，不断提高管理水平。

五、TQM 的基本方法——PDCA 循环

PDCA 循环又称戴明环，是全面质量管理所应遵循的科学程序。全面质量管理活动的全部过程，就是质量计划的制订和组织实现的过程，这个过程就是按照 PDCA 循环，不停顿地周而复始地运转的。

1. PDCA 循环的 4 个阶段

（1）Plan——计划阶段。即在分析研究的基础上，确定质量目标、管理项目，确定活动计划和活动措施。

（2）Do——执行阶段。即根据预定目标、措施、计划，组织实现计划中的内容。

（3）Check——检查阶段。即检查计划实施情况，以计划目标为标准，与实际工作结果对比，衡量效果，找出存在的质量问题。

（4）A（Action）——行动阶段。对总结检查的结果进行处理，成功的经验加以肯定并适当推广、标准化，或制订作业指导书，便于以后工作时遵循；失败的教训加以总结，以免重现，并记录在案；未解决的问题应提给下一个 PDCA 循环中去解决，作为下一循环制定计划目标的依据。

2. PDCA 循环的八个步骤

（1）分析现状，找出问题。
（2）分析各种影响因素或原因。

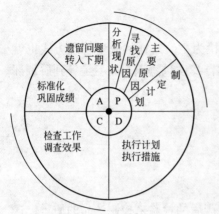

图 4-8 PDCA 质量循环的四阶段与八步骤图

（3）找出主要影响因素。

（4）针对主要原因制定措施计划。

（5）执行、实施计划。

（6）检查计划执行结果。

（7）总结成功经验，制定相应标准。

（8）把未解决或新出现问题转入下一个 PDCA 循环。

PDCA 质量循环的四阶段与八个步骤如图 4-8 所示，PDCA 八步骤及实施方法见表 4-12。

表 4-12 PDCA 八个步骤及实施方法表

阶　段	步　骤	主　要　方　法
P	1. 分析现状，找出问题	排列图法、直方图法、控制图法、工序能力分析、KJ 法、矩阵图法
	2. 分析各种影响因素或原因	因果图法、关联图法、矩阵数据分析法、散布图法
	3. 找出主要影响因素	排列图法、散布图法、关联图法、系统图法、矩阵图法、KJ 法、实验设计法
	4. 针对主要原因制订措施计划	①回答 5W1H 为什么制订该措施（Why）？ 达到什么目标（What）？ 在何处执行（Where）？ 什么时间完成（When）？ 如何完成（How）？ ②目标管理法、关联图法、系统图法、矢线图法、过程决策程序图法
D	5. 执行、实施计划	系统图法、矢线图法、矩阵图法、矩阵数据分析法
C	6. 检查计划执行结果	排列图法、控制图法、系统图法、检查表、抽样检验
A	7. 总结成功经验，制定相应标准	制订或修改工作规程、检查规程及其他有关规章制度
	8. 把未解决或新出现问题转入下一个 PDCA 循环	

3. "美的电器"的 PDCA 介绍

（1）把 PDCA 作为一个项目来对待。

（2）组建了专门的团队。

（3）确定目视化管理目标。

（4）制订推进计划。

（5）把握现状。对现状的把握可以针对各自企业的具体情况来确定，美的电器公司主要从以下几个方面来把握：

① 物料三定是否彻底；

② 5S 整顿是否有空间；

③ 安全防护是否全面；

④ 物品标示是否完善。

（6）制定对策。美的电器公司的制定改善对策如图 4-9 所示。

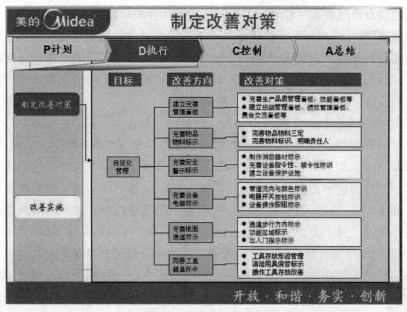

图 4-9　制定改善对策

六、全面质量控制的基本要领

1. TQM 过程质量管理

TQM 过程的全面性，决定了 TQM 的内容应当包括设计过程、制造过程、辅助过程、使用过程等 4 个过程的质量。

无疑，对于班组长而言，制造过程的质量是其应该重点关注的。现场质量管理就是对制造质量的管理。下面对制造过程的质量做重点介绍，其他过程只做简单介绍。

（1）设计过程质量管理。产品设计过程的质量管理是全面质量管理的首要环节。这里所指设计过程，包括着市场调查、产品设计、工艺准备、试制和鉴定等过程（即产品正式投产前的全部技术准备过程）。

（2）制造过程的质量管理。这里的制造过程，是指对产品直接进行加工的过程。它是产品质量形成的基础，是企业质量管理的基本环节。它的基本任务是保证产品的制造质量，建立一个能够稳定生产合格品和优质品的生产系统。主要工作内容有以下几方面。

①组织质量检验工作。要求严格把好各工序的质量关，保证按质量标准进行生产，防止不合格品转入下一道工序和出产。设置生产工序自检员，制定自检和互检制度，使自检查与专职检验密切结合起来，把好"第一道工序"的质量关。它一般包括有原材料进厂检验，工序间检验和产品出厂检验。

②组织和促进文明生产。应按合理组织生产过程的客观规律，提高生产的节奏性，实现均衡生产；应有严明的工艺纪律，养成自觉遵守的习惯；在制品码放整齐，储运安全；设备整洁完好；工具存放井然有序；工作地布置合理，空气清新，照明良好，四周颜色明快和谐，噪声适度。

③组织质量分析，掌握质量动态。分析应包括废品（或不合格品）分析和成品分析。分析废品，是为找出造成的原因和责任，发现和掌握产生废品的规律性，以便采取措施，加以防止和消除。分析成品，是为了全面掌握产品达到质量标准的动态，以便改进和提高产品质量。质量分析，一般可以从规定的某些质量指标入手，逐步深入，这些指标有两类：一类是产品质量指标，如产品等级率、产品的使用寿命等；另一类是工作质量指标，如废品率、不合格品率等。

④组织工序的质量控制，建立管理点。工序质量控制是保证制造过程中产品质量稳定性的重要手段。它要求在不合格品发生之前，就能予以发现和预报，并能及时地加以处理和控制，有效地减少和防止不合格品的产生。组织工序质量控制应当建立管理点。管理点，是指在生产过程各工序进行全面分析的基础上，把在一定时期内，一定条件下，需要特别加强和控制的重点工序或重点部位，明确为质量管理的重点对象。对它应使用各种必要的手段和方法，加强管理。建立管理点的目的，是为了使制造过程的质量控制工作明确重点，有的放矢，使生产处于一定的作业标准的管理状态中，保证工序质量的稳定良好。

通常，下列情况之一的工序应作为管理点。

a. 关键工序或关键部位，即影响产品主要性能和使用安全的工序或部位。

b. 质量不稳定的工序。

c. 出现不合格品较多的工序。

d. 工艺本身有特殊要求的工序。

e. 对以后工序加工或装配有重大影响的工序。

f. 客户普遍反映或经过试验后反馈的不良项目。

组织工序质量控制还应当严格贯彻执行工艺纪律，强调文明生产。在实践中，控制图等统计方法的采用是进行工序质量控制的常见方法。

（3）辅助过程质量管理。这里指的辅助过程是指为保证制造过程正常进行而提供各种物资技术条件的过程。它包括物资采购供应、动力生产、设备维修、工具制造、仓库保管、运输服务等。

（4）使用过程质量管理。使用过程是考验产品实际质量的过程，是企业内部质量管理的继续，也是全面质量管理的出发点和落脚点。这一过程质量管理的基本任务是提高服务质量（包括售前服务和售后服务），保证产品的实际使用效果，不断促使企业研究和改进产品质量。

2. TQM 现场质量管理

（1）现场质量管理的概念。现场质量管理又称制造过程质量管理、生产过程质量管理，是全面质量管理中一种重要的方法。它是从原材料投入到产品形成整个生产现场所进行的质量管理。由于生产现场是影响产品质量的 4MIE（人、机器、材料、方法、环境）诸要素的集中点，因此搞好现场质量管理可以确保生产现场生产出稳定和高质量的产品，使企业增加产量，降低消耗，提高经济效益。

（2）现场质量管理的对象。现场质量管理以生产现场为对象，以对生产现场影响产品质量的有关因素和质量行为的控制和管理为核心，通过建立有效的管理点，制订严格的现场监督、检验和评价制度以及现场信息反馈制度，进而形成强化的现场质量保证体，使整个生产过程中的工序质量处在严格的控制状态，从而确保生产现场能够稳定地生产出合格品和优质品。

现场质量管理法的主要工作就是 TQM 制造过程的质量管理内容。通过现场质量管理工作可以增强现场质量意识，强化现场质量保证能力，形成完善的现场质量保证体制。

（3）现场质量管理的要求。现场质量管理法对操作者和检验员有特别的要求。

① 对操作人员的要求。

a. 学习并掌握现场质量管理的基本知识，了解现场与工序所用数据记录表和控制图或其他控制手段的用法及作用，懂计算数据和打点。

b. 清楚地掌握所操作工序管理点的质量要求。

c. 熟记操作规程和检验规程，严格按操作规程（作业指导书）和检验规程

（工序质量管表）的规定进行操作和检验，做到以现场操作质量来保证产品质量。

d. 掌握本人操作工序管理点的支配性工序要素，对纳入操作规程的支配性工序要素认真贯彻执行；对由其他部门或人员负责管理的支配性工序要素进行监督。

e. 积极开展自检活动，认真贯彻执行自检责任制和工序管理点管理制度。

f. 牢固树立下一道工序是用户、用户第一的思想，定期访问用户，采纳用户正确意见，不断提高本工序的质量。

g. 填好数据记录表、控制图和操作记录，按规定时间抽样检验、记录数据并计算打点，保持图、表和记录的整洁、清楚和准确，不弄虚作假。

h. 在现场中发现工序质量有异常波动（点越出控制限或有排列缺陷），应立即分析原因并采取措施。

② 对检验员的要求。

a. 应把建立管理点的工序作为检验的重点，除检验产品质量外，还应检验监督操作工人执行工艺及工序管理点的规定，对违章作业的工人要立即劝阻，并做好记录。

b. 检验员在现场巡回检验时，应检查管理点的质量特性及该特性的支配性工序要素，如发现问题应帮助操作人员及时找出原因，并帮助采取措施解决。

c. 熟悉所负责检验范围现场的质量要求及检测试验方法，并按检验指导书进行检验。

d. 熟悉现场质量管理所用的图、表或其他控制手段的用法和作用，并通过抽检来核对操作人员的记录以及控制图点是否正确。

e. 做好检查操作人员的自检记录，计算他们的自检准确率，并按月公布和上报。

f. 按制度规定参加管理点工序的质量审核。

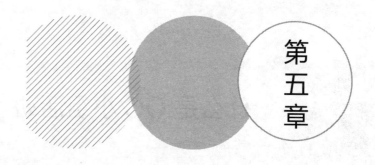

第五章

积极开展 QC 小组活动

QC 小组活动是企业，特别是中小型企业员工参与全面品质管理的重要方法。QC 小组也是建立质量保证体系的一个重要手段。

班组长要大力组织 QC 小组活动，为企业质量管理做出贡献。

什么是 QC 小组活动

一、QC 小组的概念与特点

1. QC 小组的概念

QC 小组（Quality Control Circle，QCC；质量控制小组，也译为：品管圈）就是由相同、相近或互补的工作场所的人们自发组成数人一圈的小圈团体，全体合作、集思广益，按照一定的活动程序来解决工作现场、管理、文化等方面所发生的问题及课题。

QC 小组是以自愿原则组织，由工作性质相同或接近的员工，以小组形式组成，通过定期的会议及其他活动开展品质改进活动。

QC 小组活动是企业特别是中小企业员工参与全面品质管理的重要方法。QC 小组也是建立质量保证体系的一个重要手段。

2. QC 小组的特点

QC 小组是指在生产或工作岗位上从事各种劳动的员工，围绕企业的经营战略、方针目标和现场存在的问题，以改进质量、降低消耗、提高人的素质和经济效益为目的而组织起来，运用质量管理的理论和方法开展活动的小组。QC 小组是企业中群众性质量管理活动的一种有效组织形式，是员工参加企业民主管理的经验同现代科学管理方法相结合的产物。

从 QC 小组活动实践来看，它有以下几个主要特点。

（1）自主性。QC 小组以员工自愿参加为基础，实行自主管理，自我教育，互相启发，共同提高，充分发挥小组成员的聪明才智和积极性、创造性。

（2）群众性。QC 小组是吸引广大员工积极参与质量管理的有效形式，不但包括领导人员、技术人员、管理人员，而且更注重吸引在生产、服务工作第一线的操作人员参加。广大职工群众在 QC 小组活动中学技术，学管理，群策群力分析问题，解决问题。

（3）民主性。QC 小组的组长可以民主推选，QC 小组成员可以轮流担任课题小组长，人人都有发挥才智和锻炼成长的机会；内部讨论问题、解决问题时，小组成员不分职位与技术高低，各抒己见，互相启发，集思广益，高度发扬民主，以保证既定目标的实现。

（4）科学性。QC 小组在活动中遵循科学的工作程序，步步深入地分析问题、解决问题；在活动中坚持用数据说明事实，用科学的方法来分析与解决问题，而不是凭"想当然"或个人经验。

3．QC 小组的发展方向

QC 小组活动要提倡和坚持"小、实、活、新"的发展方向。

（1）小，指组织规模小。

（2）实，指活动针对实际问题。

（3）活，指活动方式灵活。

（4）新，指具有创新精神。

二、QC 小组的作用与工作方法

1．活动宗旨

（1）提高员工的素质，激发员工的积极性和创造性。

（2）改进质量、降低消耗，提高经济效益。

（3）建立文明的、心情舒畅的生产、服务、工作现场。

2．作用

（1）有利于开发智力资源，发挥人的潜能，提高人的素质。

（2）有利于预防质量问题和改进质量。

（3）有利于实现全员参加管理。

（4）有利于改善人与人之间的关系，增强人的团结协作精神。

（5）有利于改善和加强管理工作，提高管理水平。

（6）有利于提高客户的满意程度。

3．管理技术

QC 小组解决课题所涉及的管理技术主要有遵循 PDCA 循环、应用统计方法、以事实为依据用数据说话 3 个方面。

4．基本方法

QC 小组在解决质量、成本、生产量等问题时，基于数据的实证式问题解决方法是十分有效的，使用的最基本方法一般有以下几种。

（1）调查表：对问题的现状进行抽样调查，不要放过任何一个细节问题。

（2）帕累托图：从众多的问题当中找出真正的问题。

（3）特性要因图：不要遗漏主要的原因，仔细整理。

（4）图表：使做成的数据做到一目了然。

（5）确认表：容易取出数据，防止检查中的遗漏。

（6）矩形图：掌握分布的情况，并和规格对比。

（7）散布图：掌握成对的两组数据的关系。

（8）管理图：调查工序或工程内是否处在安定状态。

注意：有时把图表和管理图归纳为一种，再加上层别（坐标图）。

第二节 / # QC 小组的类型与组建

一、QC 小组的类型

QC 小组组建工作做得如何，将直接影响 QC 小组的活动效果。因此，对小组的分类、程序及人员等问题必须有明确的概念。QC 小组可以分为现场型、攻关型、管理型及服务型 4 个类型。

1. 现场型 QC 小组

现场型 QC 小组是以稳定工序质量、提高产品质量、降低物资消耗和改善生产环境为目的而组成的小组。其主要成员以现场员工为主，这类小组的课题比较小，问题集中，活动周期短，容易出成果。因此，应该大力提倡现场型 QC 小组的发展。

2. 攻关型 QC 小组

攻关型 QC 小组大多由管理人员、工程技术人员及普通员工三方面相结合组成。这类 QC 小组的课题难度一般较大，活动周期比较长，可以跨班组、跨单位组合。比如，为了确保产品生产和销售的正常进行，人力资源部门、行政部等后勤单位可以联合起来开展活动。

3. 管理型 QC 小组

管理型 QC 小组是以提高管理水平和工作质量为目的而组建的质量管理小组。

它的成员以管理人员为主，通常以提高工作质量、管理效率等为课题开展活动。比如，企业制订今年的质量目标是将产品合格率提高到 98%，这就需要一个合适的管理型 QC 小组。

4. 服务型 QC 小组

服务型 QC 小组是以提高服务质量，推动服务工作标准化、程序化、科学化，以提高经济效益和社会效益为目的，主要由从事服务性工作的员工组成。这类小组多选择如何提供优质服务，加快资金周转和开展多功能服务等内容为课题，活动周期有长有短。

二、QC 小组的组建原则

QC 小组的组建，必须实事求是，结合实际。自愿参加，自愿结合是组建 QC 小组的基本原则；由上而下，上下结合是组建 QC 小组的基础；领导、技术人员和普通员工三结合是组建 QC 小组的好形式。

参加一个 QC 小组的人员不必过多，一般 4～10 人为宜，一个人可同时参加多个 QC 小组。QC 小组成立后，由组员自行讨论命名小组名称，推选出小组组长。QC 小组在企业专职管理部门登记公布。

企业需注意提拔或推选有组织能力和热心质量管理的人员担任组长，组长应对成员有导引和约束力。QC 小组长的主要职责是：组织小组成员制订活动计划，进行工作分工，并带头按计划开展活动；负责联络协调工作，及时向上级主管部门汇报小组活动情况，争取支持和帮助；抓好质量教育，组织小组成员学习有关业务知识，不断提高小组成员的质量意识和业务水平；团结小组成员，充分发扬民主，为小组成员创造宽松的环境，增强小组的凝聚力；经常组织召开小组会议，研究解决各种问题，做好小组活动记录，并负责整理成果和发表。

小组活动要围绕部门内的质量、效率、成本、浪费、服务、现场管理等关键问题攻关，开始时从容易之处着手，不必好高骛远。对每一个质量管理改善主题，自提出问题到解决一般不超过半年。QC 小组活动要经常展开，一般一个月召开两次以上小组讨论会，每半个月提交小组活动中间报告。

在现场可开辟 QC 小组活动园地，张贴小组活动的结果以及相关资料，以利于各小组的经验交流，确认小组活动的进展，既是现场文化的形象展示，也可促进 QC 小组间的良性竞争氛围。

企业要成立专职管理部门，加强对 QC 小组活动的指导。注重对小组成员的培训：包括质量管理的统计方法、对 QC 小组的正确认识、开展活动的程序步骤、参加活动的注意事项等。经常对小组活动进行检查、考核和开展竞赛，成果显著的 QC 小组可在企业公开发表并予以奖励。

领导的重视和参与是推动 QC 小组活动的关键因素，企业需建立健全 QC 小组管理制度和激励机制，充分调动员工的积极性，从而做到从上到下全员参与，真正贯彻"质量第一"的观念，使 QC 小组更深、更广、更持续地开展。

为了避免 QC 小组活动流于形式，必须关注每个 QC 小组活动的过程，通过中间报告等形式确认活动进程。为了避免为了报告而捏造修改数据，以及 QC 小组活动变成小组长一个人的事，从头包揽到底这两个通病，在 QC 小组成果评审时须特别加强这两个方面的审核。

三、QC 小组的组建程序

由于各个企业的情况、欲组建的 QC 小组的类型以及欲选择的活动课题特点等不同，所以组建 QC 小组的程序也不尽相同，大致可以分为 3 种情况。

1. 自下而上的组建程序

由同一班组的几个人（或一个人），根据想要选择的课题内容，推举一位组长（或邀请几位同事），共同商定是否组成一个 QC 小组，给小组取个什么名字，先要选个什么课题，确认组长人选。基本取得共识后，由经确认的 QC 小组组长向所在车间（或部门）申请注册登记，经主管部门审查认为具备建组条件后，即可发给小组注册登记表和课题注册登记表。组长按要求填好注册登记表，并交主管部门编录注册登记号，该 QC 小组组建工作便告完成。这种组建程序通常适用于那些由同一班组（或同一科室）内的部分成员组成的现场型、服务型，包括一些管理型的 QC 小组。他们所选的课题一般都是自己身边的、力所能及的较小的问题。这样组建的 QC 小组，成员的活动积极性、主动性很高，企业主管部门应给予支持和指导，包括对小组骨干成员的必要的培训，以使 QC 小组活动持续有效的发展。

2. 自上而下的组建程序

这是中国企业当前较普遍采用的。首先，由企业主管 QC 小组活动的部门，根据企业的实际情况，提出全企业开展 QC 小组活动的设想方案，然后与车间（或部门）的领导协商，达成共识后，由车间（或部门）与 QC 小组活动的主管部门共同确定本单位应建几个 QC 小组，提出组长人选，进而与组长一起物色每个 QC 小组所需的组员、所选的课题内容。然后由企业主管部门会同车间（部门）领导发给 QC 小组长注册登记表。组长按要求填完两表（即小组注册登记表、课题注册登记表），经企业主管部门审核同意，并编上注册号，小组组建工作即告完成。

这种组建程序较普遍地被"三结合"技术攻关型 QC 小组所采用。这类 QC 小组所选择的课题往往都是企业或车间（部门）急需解决的、有较大难度、牵涉面较广的技术、设备、工艺问题，需要企业或车间为 QC 小组活动提供一定的技术、资金条件。因此，难以自下而上组建。还有一些管理型 QC 小组，由于其活动课题也是自上而下确定，并且是涉及部门较多的综合性管理课题，因此，通常也采取这种程序组建。这样组建的 QC 小组，容易紧密结合企业的方针目标，抓住关键课题，对企业和 QC 小组成员会带来直接经济效益。又由于其有领导与技术人员的参与，活动易得到人力、物力、财力和时间的保证，利于取得成效，但易使成员产生"完成任务"感，影响活动的积极性、主动性。

3. 上下结合的组建程序

这是介于上面两种之间的一种。它通常是由上级推荐课题范围，经下级讨论认可，上下协商来组建。这主要是涉及组长和组员人选的确定，课题内容的初步选择等问题，其他程序与前两种相同。这样组建小组，可取前两种所长，避其所短，应积极倡导。

四、QC 小组的实施方案

1. 组建 QC 小组

根据现有的品质问题或可能选择的课题组建 QC 小组。QC 小组可以是原有班组、科室、部门的人员自愿组成的（偏重于品质控制目的），也可以是不同班组、科室、部门的人员自愿组成的（偏重于品质改进目的）；可以是不同层次的人员（如员工、管理人员及技术人员等层次）自愿组成的，也可以是不同层次的人员按"三结合"（管理人员、技术人员及员工）方式自愿组成的。也就是说，QC 小组的形式是多样的，应根据具体情况组建。一般情况下以 3 ～ 10 人为宜，人数过多不便于开展活动（表 5-1）。

表 5-1　QC 小组的组成人员

序　号	姓　名	性　别	文化程度	职　务	小组分工
1				技术主管	QC 方案策划
2				工艺员	方案实施
3				检验主管	方案实施
4				检验组长	检验

序　号	姓　名	性　别	文化程度	职　务	小组分工
5				组长	协作实施
6				班长	协作实施
7				检验员	检验

2. 注册登记

（1）QC 小组组建起来后，应在组织的主管部门或主管人员处注册登记，填写注册登记表；如果组织愿意，还可报所在地的品质管理协会等备案。

（2）注册登记的目的：一是加强领导，二是获得支持和帮助。注册登记也可在选择活动课题之后进行。

3. 选择活动课题

活动课题是 QC 小组在一个时期内的品质目标，关系到 QC 小组活动的方向、深度和广度。以下为选择活动课题的一些要点。

（1）首先选择周围易见的课题。

（2）选择 QC 小组成员共同关心的关键问题和薄弱环节。

（3）"先易后难"，注重能够解决的"小"课题。

（4）选择具体课题一定要有目标值。

4. 选好小组长

小组长是核心人物，应是 QC 小组活动的热心参与者，既要有一定的技能水平，又要善于团结他人；既要有事业心，又要掌握常用的品质改进工具和技术。

5. 按 PDCA 循环开展工作

QC 小组活动的基本程序是 PDCA 循环，活动中一定要注意做好记录。

6. 撰写成果报告

QC 小组活动完成了；通过 PDCA 循环，取得了成果后要及时总结，撰写成果报告。成果材料必须以活动记录为基础，进行必要的整理，用数据说话，不要生搬硬套，事后编造。成果的主要内容包括以下几方面。

① 成果名称；

② 概述；

③ 选题理由；

④ 原因分析；

⑤ 措施计划；

⑥ 实施过程；

⑦ 实施效果；

⑧ 标准化措施；

⑨ 遗留问题；

⑩ 下一步的打算。

7. 发表成果

指定一名 QC 小组成员将成果在相应的会议上发表。这需要组织的主管部门或主管人员进行安排。发表成果可以鼓舞士气，吸引其他员工的关注，还可以交流经验，获得其他员工的评价，不断提高活动的效果。优秀成果可以推荐到当地或上级的品质管理协会的有关会议上发表。

8. 继续活动

按 PDCA 循环的结果，可以将遗留的问题作为下一个课题继续开展活动，也可以重新选择课题继续开展活动。如果认为课题已经解决，该 QC 小组也可以解散，然后按新的品质问题组建新的 QC 小组开展活动。

第三节　QC 小组的活动程序与工作开展

一、QC 小组活动的程序

QC 小组组建后，从选择课题开始，开展活动。活动的具体程序如下所示。

1. 选题

QC 小组活动课题选择，一般应根据企业的方针目标和中心工作；根据现场存在的薄弱环节；根据客户（包括下一道工序）的需要。从广义的质量概念出发，QC 小组的选题范围涉及企业各个方面的工作。因此，选题的范围是广泛的，概括有 10 大方面：提高质量；降低成本；设备管理；提高出勤率、工时利用率和劳动生产率，加强定额管理；开发新品，开设新的服务项目；安全生产；治理"三废"，改善环境；提高客户（用户）满意率；加强企业内部管理；加强思想政治工作，提高职工素质。

2. 确定目标值

课题选定后，应确定合理的目标值。目标值的确定要注重目标值的定量化，使小组成员有明确的努力方向，便于检查，活动成果便于评价；注重实现目标值的可能性，既要防止目标值定得太低，小组活动缺乏意义，又要防止目标值定得太高，久攻不克，使小组成员失去信心。

3. 调查现状

为了解课题的状况，必须认真做好现状调查。在进行现状调查时，应根据实际情况，应用不同的 QC 工具（如调查表、排列图、折线图、柱状图、直方图、管理图、饼分图等）进行数据的搜集整理。

4. 分析原因

对调查后掌握到的现状，要发动全体组员动脑筋、想办法，依靠掌握的数据，通过开"诸葛亮"会，集思广益，选用适当的 QC 工具（如因果图、关联图、系统图、相关图、排列图等）进行分析，找出问题的原因。

5. 找出主要原因

经过原因分析后，将多种原因，根据关键、少数和次要多数的原理，进行排列，从中找出主要原因。在寻找主要原因时，可根据实际需要应用排列图、关联图、相关图、矩阵分析、分层法等不同分析方法。

6. 制订措施

主要原因确定后，可制订相应的措施计划，明确各项问题的具体措施，要达到的目标，谁来做，何时完成以及检查人。

7. 实施措施

按措施计划分工实施。小组长要组织成员，定期或不定期地研究计划的实施情况，随时了解课题进展，发现新问题要及时研究、调查措施计划，以达到活动的目的。

8. 检查效果

措施计划实施后，应进行效果检查。效果检查是把措施计划实施前后的情况进行对比，看其实施后的效果，是否达到了预定目标。如果达到了预定目标，小组就可以进入下一步工作；如果没有达到预定目标，就应对措施计划的执行情况及其可行性进行分析，找出原因，在第二次循环中加以改进。

9. 制订巩固措施

达到了预定的目标值，说明该课题已经完成。但为了保证成果得到巩固，小组必须将一些行之有效的措施或方法纳入工作标准、工艺规程或管理标准，经有关部门审定后纳入企业有关标准或文件。如果课题的内容只涉及本班组，那就可以通过班组守则、岗位责任制等形式加以巩固。

10. 分析遗留问题

小组通过活动取得了一定的成果，也就是经过了一个 PDCA 循环。这时应对遗留问题进行分析，并将其作为下一次活动的课题，进入新的 PDCA 循环。

11. 总结成果资料

小组将活动的成果进行总结，是自我提高的重要环节，也是成果发表的必要准备，还是总结经验、找出问题，进行下一个循环的开始。

以上步骤是 QC 小组活动的全过程，体现了一个完整的 PDCA 循环。由于 QC 小组每次取得成果后，能够将遗留问题作为小组下个循环的课题（如没有遗留问题，则提出新的打算），因此就使 QC 小组活动能够持久，深入地开展，推动 PDCA 循环不断前进。

二、如何有效开展 QC 小组活动

1. 领导重视，把 QC 活动融入企业文化

在 QC 活动的推进工作中，企业领导要高度重视，积极策划、及时推进，企业总工程师要亲自深入一线调研，对参与 QC 活动的人员进行专业培训，积极营造 QC 文化，深入贯彻企业市场营销战略，以优质的产品质量、诚信的履约能力赢得业主的认可，并将 QC 小组活动和提高职工队伍的业务素质融入企业文化，通过不断强化 QC 活动对企业推进科学规范化管理、提高员工整体素质、使 QC 活动小组在增强企业的竞争能力和改善市场形象方面发挥了重要作用，形成了从上到下主动顺应和积极推动 QC 活动的工作氛围。

企业领导的亲自参与，可以使得对 QC 小组活动的开展起到了立竿见影的示范作用，不仅可以最大限度地调动 QC 小组成员的主动性、积极性和创造性，而且通过企业领导在管理因素和技术因素等方面的特殊资源，为 QC 小组活动的开展提供了有力的资源保障和经济支持。

同时，领导的亲自参与和示范，可以有效地提高 QC 活动水平和工作质量，进而引导和帮助 QC 小组正确处理组内分工，健全完善工作机制，从而使 QC 活

动不断走向规范化和规模化。

2. 加强质量意识教育，提高 QC 小组活动的广泛性

QC 小组活动是广大员工自愿组织起来的群众性质量管理活动，参加 QC 小组活动的员工是以项目为主，从体制上进行最大限度的保障 QC 小组活动的全面开展，通过奖励、培训、教育，最大限度地调动了员工的积极性，非常重要。只有不断加强职工的质量意识教育，才能增强职工的问题意识、改进意识，通过这样才能使企业的质量工作不断攀升，才能确保企业的用户满意度达到 100%。

全体员工质量意识的提高而形成的质量观，必将深入到企业文化当中，形成企业的质量精神，最大范围内调动员工的积极性，使他们自觉地、自主地参与 QC 小组活动。吸引广大职工包括领导人员、技术人员、管理人员、生产一线人员参与质量管理活动，使企业的 QC 小组活动更加具有广泛性、群众性，而且能够致力于自觉自主地解决身边存在的问题，为企业的生产经营管理排忧解难，使员工真正把企业看成是自己的家，把企业的命运与职工个人前途相统一，与企业共进退。

3. 加强专业技术培训，打造优秀 QC 骨干队伍

QC 小组活动要扎实有效地开展，不掌握全面质量管理基础知识，不掌握专业技术基础知识，活动起来往往事倍功半，甚至没有结果。一些 QC 小组在活动中往往存在一些诸如活动记录不全、不按程序办事、流于形式，甚至于出现偏离实际的现象。出现这些现象的主要原因就在于一些小组成员全面质量管理基础知识欠缺，有的原来学过全面质量管理的技法工具，由于没有经常运用，慢慢地淡忘，有的根本没按工作程序进行活动，造成了活动数据不全，活动断档。因此，要制订相应的管理制度，通过制度的全面宣贯和全面管理体系的有效培训，强化了全面质量管理基础知识，掌握了全面质量管理的基本理论，使广大管理人员能够运用全面质量管理的理论和方法，遵循 PDCA 循环的科学程序进行活动，从 5M1E （人、机、料、法、环、测） 6 个方面入手，结合现场的实际，找出主要问题的症结，制订有效的措施解决问题，达到降低施工成本，增加企业的经济效益和社会效益。

此外，还要结合职工岗位进行技术基础知识的培训，加强专业基础知识培训，旨在提高广大职工的技术业务水平，通过熟练掌握业务知识、工作流程和工作方法，才能在工作过程中发现施工生产中的薄弱环节和问题，才能提出问题，并应用专业知识和质量管理方法解决实际问题，推动 QC 小组活动扎实、有效地开展。

三、QC 小组的激励措施

当 QC 小组的成员以极大的热情，围绕企业的方针目标和现场存在的问题，在改进质量、降低消耗、加强管理及提高经济效益方面开展活动，并取得成果以后，要想使这一奋发向上的热情得以保持，并能再次选择课题持续地活动下去，同时也吸引更多的员工参加 QC 小组活动，就必须采取有效的激励手段。有效的激励必须选择恰当的、正确的方法。

1. 理想与目标激励

员工是否有远大的理想，精神境界如何，对其积极性影响很大。理想可以分为社会理想和个人理想，这些都可以对员工工作、学习的积极性产生持久的作用。因此，企业应当把理想教育当作激励的重要手段，帮助员工树立社会理想，并把个人理想和社会理想结合起来，这样就能使员工产生动力，积极地参与到 QC 小组的活动中去。

2. 荣誉激励

对做出成绩的优秀员工给予表彰，授予荣誉称号，发给荣誉证书等。这是对员工做出贡献的公开承认，可以满足个人自尊心的需求，从而达到激励的目的。对取得成果的 QC 小组，特别是对评选出的优秀 QC 小组授予荣誉称号和荣誉证书。小组的每个成员都将为获得这一荣誉而感到自豪，同时也会为维护这一荣誉而继续努力。

3. 物质激励

物质激励是最基本的激励手段，物质激励包括工资、奖金及各种公共福利。因为工资、奖金及住房等决定着人们的基本生活需求的满足。同时，员工的收入及居住条件也影响其社会地位、社会交往甚至影响着学习、文化娱乐等精神需要的满足。QC 小组取得成果，创造了效益，应根据按劳分配的原则给予其物质奖励。

4. 关怀与支持激励

QC 小组的活动能得到企业领导的重视、关心和支持，必将进一步激发起员工参加 QC 小组活动的积极性，从而把 QC 小组活动搞得更好。

5. 培训激励

培训的激励作用是多方面的，它可以满足员工特别是青年员工对知识的渴求，可以提高员工达成目标的能力，以胜任更艰巨的工作。对员工进行 QC 小组的基本知识培训，使他们能组织起 QC 小组进行活动；选派 QC 小组骨干到上级举办的骨干培训班进行系统的培训，必将激励员工参加 QC 小组并提高员工活动的积极性。

6. 组织激励

组织激励是指运用组织责任及权力对员工进行激励。大多数人是愿意得到提拔和承担更大责任的，当某员工因为工作出色而得到提拔或重用时，一定会进一步调动他的积极性，同时对其他员工也是一种鞭策。

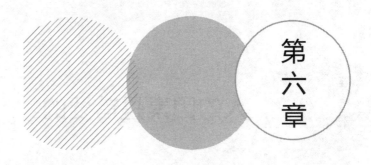

第六章

严控不合格品的产生

不合格品是指经检验和试验判定，产品质量特性与相关技术要求和图样规范相偏离，不符合接收准则的产品。严控不合格品的产生是质量管理最重要的一环。

本章首先从人的因素着手解决不合格品的产生，其次对过程中的异常情况如何处理进行了介绍，第三，重点介绍了"三检制"如何落实，第四介绍了通过工序管理来严控质量，最后介绍了不良品应如何处置。这些都是实用性的管理技巧。

人的因素是首要的

一、管好多事"两头"时段

1. "两头"指的是什么

一个完整的过程总是有始有终的，通常把过程开始和结束的两个端头称为它的"两头"，比如，上班过程中临近上下班的一段时间就是工作的"两头"，也就是开始上班的前面10min和快要下班的最后5min。

2. 为什么"两头"多事

"两头"多事的根本原因在于情绪变化，因为情绪变化，所以事多。比如上下班交替变化之际，这时候现场的4MIE因素都要发生变化，会诱发不稳定。因此，也就容易形成事端。

（1）开头时的变化因素。通常开头的时候变化因素主要有以下几种。

① 人员方面。迟到、旷工、情绪差、情绪不稳定。

② 机器方面。异常、故障。

③ 材料方面。缺料、材料品质不合格。

④ 方法方面。缺工艺文件、首件不合格。

⑤ 环境方面。指标欠佳，能源不足。

（2）结尾时候的变化因素。而结尾的时候总体上可能比开头要稍微好一点，但人员方面的因素会更多；另外，下班时的收尾工作也可能做不好。主要表现在以下几方面：

① 人员早退；

② 上厕所；

③ 串岗；

④ 聊天；

⑤ 怠工；

⑥ 心情浮躁；

⑦ 做事心不在焉；

⑧ 忘记关灯；

⑨ 忘记关机器电闸。

3. 如何管好多事的"两头"

管好"两头"的关键在于如何管理好人员。一般来说主要是要着重于提高人员素质，确保他们能自主管理，并认真、负责地工作。实际的做法如下所示：

① 班组长以身作则，凡事自己先做好；

② 总结两头时段经常出现的问题，建立对策，形成制度，严格执行；

③ 从管理机制上采取预防措施，消除人员的思想影响；

④ 在平时的工作、开会和培训中多言传身教，潜移默化；

⑤ 必要时请求上级支援，让他们在两头时段出现在现场。

二、重点关注新手和临时工

1. 重点关注新手

新入职人员、新提拔、转岗人员都可以称为新手。作为班组长则要格外注重对新手的管理，以防止他们因岗位生疏而产生问题。这些注重事项包括以下内容。

① 用一种方法识别新手，如穿着不同的工衣，佩戴特殊标志等。

② 做好重点管理，班组长要定时巡查，格外留心。

③ 指定负责人，明确指导人员的责任，严格把关。

④ 定期评价，试用期、见习期、实习期分别评价管理。

⑤ 按时检查工作结果，首件确认后，每间隔 2h 由专人再确认工作结果。

⑥ 合格评定，期满且无不良事项和表现时，可以按规定实施评定。

2. 管好临时工

临时工是指企业为了完成某些专门的、特定的或临时的任务而招用的临时人员。临时工的管理要点如下所示。

① 人事行政手续简单，一般不享受各种福利。

② 临时工岗前训练少，所以要加强工作监控。

③ 要配置专门的临时工工衣，以示识别。

④ 工作追溯性差或无效，所有工作任务一般要一次性完成并及时确认。

⑤ 要在专人指导或跟踪下开展工作。

虽然临时工也签订劳动合同，但班组长在管理他们时要与正式工有所区别，以确保取得期望的成绩。

三、正确解决 3 大思想问题

1. 树立品质观念

强化品质意识，使人人都体会到品质的重要性，进而形成广泛的认识这就是树立品质观念的过程。具体方法如下所示。

（1）大力宣传"品质方针"，做到深入人心，指导实际工作。

（2）对于品质问题穷追不舍，直到完全解决为止。

（3）对于品质事故一查到底，挖出根本原因，彻底解决并预防再发生。

（4）对于品质管理员授予足够的权力。

（5）在取得领导支持的基础上谋求品质向上，持续改进。

2. 正确对待产量与品质的矛盾

（1）理顺品质与产量的矛盾。品质与产量一直是一对矛盾，到底应该重视产量，还是重视品质？这是长期困扰在班组长心头的问题。所以，在实际工作中按下面这样的方法来理顺产量与品质的关系比较合适。

① 产量是直观的数字，品质是心中的期待。

② 产量可以是近期目标，品质可以是远期目标。

③ 产量代表今天，品质代表明天。

④ 产量代表能力有多大，品质代表水平有多高。

⑤ 产量是管理职能发挥作用的结果，品质是管理氛围交流沟通的结果。

⑥ 产量是用手做出来的，品质是用心做出来的。

虽然上述方法及其理解内容可能不具备科学性，但非常实用，最起码它在现时的生产管理水平状态下是十分有效的。

（2）品质管理在于态度。"品质在于生产"，"品质是制造出来的，不是检验出来的"。这些都是老话了。试想：假如产品外观方面有一点瑕疵，当大家都要求放行时，有谁还会坚持返工呢？品质源于态度，正是这样发挥作用的，这种作用的表现形式就是心态和信念，而此后的一系列过程都需要用力去开拓，才能产生"严格"的可能。具体方法如下所示。

① 紧扣样板和产品规范，做到充分理解产品，丝毫不会马虎。

② 必要时仿效"人大释法"的方法，请开发技术人员讲解相关标准。

③ 养成在会上公事公办，把压力按正规渠道扩散。

④ 敢于在弱势中坚持原则，据理力争。

⑤ 明确责任，量化目标，既拿"红萝卜"，又拿"大棒"。

⑥ 用正确的心态看问题，既不要看偏，也不要看高。

⑦ 学会潜移默化，做到持续改进。

3. 坚决消除拖拉现象

实践证明，拖拉现象是造成品质异常的直接原因之一。人员因为拖拉，往往工作不到位，导致作业不彻底；物料因为拖拉，致使时间检验不足，导致不良品被使用；班组因为拖拉，往往不能及时完成任务，导致成绩平平，名落孙山。

处理问题时拖拉是现场人员经常易犯的毛病。也许因为条件不具备，也许是处理的问题太具抽象性，试图解决问题的人起初很多，可一旦真正身临其境时却又觉得力不从心，而很少有人能坚持到底。这其中的原因大概有以下几个方面。

（1）要解决的问题一个接一个，没完没了，感觉没出头的希望。

（2）扯皮的问题太多，剪不断，理还乱。

（3）自己一时拿不定主意，搁置问题。

（4）总找不到充分的理由或依据，不能从根本上解决问题。

（5）相关部门或人员配合不到位，自己束手无策。

（6）属于外部原因时找不到有效的沟通途径，只能毫无希望地等待。

（7）授权不足或力不从心，无处下手。

（8）上级的支持力度不够。

（9）制度模糊，留有死角，导致责任不明确。

四、注重工位顶替问题

1. 工位顶替时机

人人都有三分急，工位顶替的时机正是从这些"急"开始的，别看事小，可是产生的影响却很大。所以，班组长对这些日常小事一定要予以关注。工位顶替的时机主要有以下几种。

（1）操作人员需要方便，如如厕、饮水等。

（2）操作人员迟到或临时请假。

（3）操作人员发生意外，如损伤手脚等。

（4）操作人员需要处理上级批准的其他急务。

2. 管理方法

有员工离位，就要有人去顶，总而言之需要有预备的人。但是，到目前为止，尚没有哪家企业找到能够两全其美的管理方法。下列方法值得一试。

（1）需要离位的人员要向班组长提出口头申请。

（2）离位者要卸下操作证，佩戴离位证。

（3）继位者一般由组长或助手担任，发出离位证，然后去顶岗。

（4）班组长要对顶替者的工作予以确认。

3. 建立人员流动状态看板

（1）人员动态看板适用性。人员流动状态看板主要适合在离散型企业里工作的班组使用，不适合流水线作业的班组，使用迫切性比较强的部门或班组主要有IQC、物料组、动力组、实验班、技术部、业务部、管理部等。

（2）人员动态看板的制作与管理方法。

① 制作方式：按班组别列出人员清单，纵向排列；识别他们可能流动的场所，横向排列；然后把上述内容制成表，打印或画在看板上。

② 安装位置：以粘贴或悬挂方式安装在本班组的显眼位置。

③ 主要类别和作用：类别有白板、纸条等，作用是标示人员的流动状态。

④ 管理责任：通常由部门管理者指定人员管理，或者由值日生管理；管理事项主要是清洁、维护，确保有效。

⑤ 用途与意义：使得员工的流动状态一目了然，一方面有利于各人员自律；另一方面可以规范现场管理秩序，防止擅离岗位。

⑥ 注意事项：标识内容要明确，标牌不会自行滑动或脱落。

五、发挥多能工的作用

1. 什么是多能工

多能工是指掌握了两项以上操作技能的人员，也称多面手。因这些人员在生产作业中可以被灵活地调遣，所以，他们通常是班组长的宝贵资源，也常常得到充足的栽培和呵护。

2. 如何管理班组多能工

对多能工的管理有多种方式。

（1）挑选手脚灵活、接受能力好、出勤率高的作业人员，作为多能工人选；尽可能扩大范围，让更多的人变成多能工。

（2）建立清单，如多功能岗位表（表6-1），以便于掌握现状。

（3）对他们的工作进行定时调换，以确保熟练度。

（4）注重培训，平时有意识、有计划地对其进行所有工序的操作训练，使其掌握作业内容和适应作业强度。

表 6-1　多功能岗位表

序号	姓名	AM 检查	FM 检查	CD 检查	动作检查	外观检查
1		○	☆	△	√	☆
2		○	△	√	○	√
3		☆	△	○	√	△
4		△	○	√	√	√
5		○	☆	√	√	√
6		△	☆	○	√	√
7		√	√	○	☆	△
8		☆	△	√	√	○

说明：☆表示技能优异，可以指导他人；√表示技能良好，可以独立作业；△表示具有此项作业技能，但不很熟练；○表示欠缺此项作业技术。

（5）必要时区别他们的强项，并注意栽培和使用。

（6）要将多能工的待遇与一般作业人员适当拉开，以发挥他们的积极性。但多能工之间的岗位职能的津贴要平衡。

（7）资格管理办法。资格人员就是企业特许的授权人员，他们往往具有某些技能专长，能够独立开展工作并确保结果。资格管理就是对授予资格的过程进行管理和控制，以确保资格人员的有效性。

具体做法是：把现场那些操作手法娴熟的人员按规定认定其业务技术技能，通过考核、评定，鉴定级别，然后授予相关资格，并发给他们具有证书性质的资格证。通常确认资格的程序如图 6-1 所示。

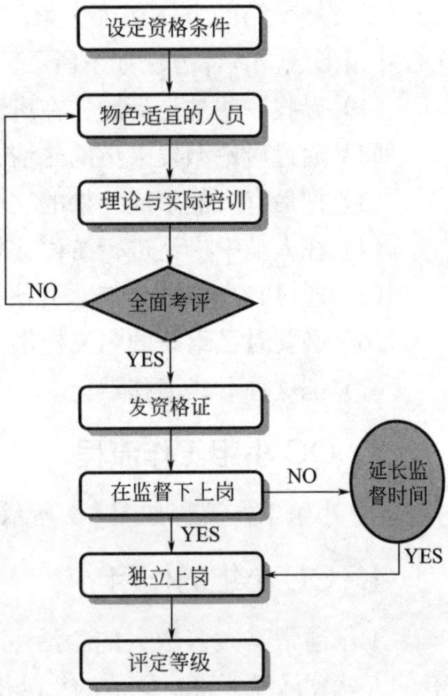

图 6-1　确认资格的程序

六、充分发挥品管圈的作用

1. 什么是品管圈

品管圈又称品质圈或品质管理小组，英文为 Quality Control，故又简称 QC 小组。它原本是一种自发形成的"民间"组织。虽说是以品质为主题，但运作的范围实际上可以包揽企业生产的方方面面。

品管圈一般由几个（5～10）与某一议题相关的人员以自愿的方式组成，然后独立自主地讨论品质或其他问题。品管圈的成员不宜太多，但应选出一位圈长（当然，这个圈长可以轮流做），成员以来自同一部门为好，他们须具备丰富的工作经验和第一手的数据资料，对问题的本质有着深刻的认识和独到的见解，他们的决议往往是他们所在部门的上司进行决策的依据。从人数上看，一个班组通常就是一个自然的品管圈。品管圈的作用如下所示。

（1）对企业改进工作提供试探性的建议。

（2）可以更充分显示人性，创立生机活泼的班组工作环境。

（3）增强人员的主观能动性，并引发潜力，爆发冲力，鼓动自主性。

2. 组建 QC 小组的方法

常言说，物以类聚，人以群分。班组长在孕育具有班组特色的 QC 小组时首先要以自然凝结的方式积聚大家的意愿，然后，通过有意识地引导、推动，促成 QC 小组形成。具体方法如下所示。

（1）寻找一些热点话题，在班组内展开讨论。

（2）通过讨论激发人员的热情，并逐步加深讨论深度，集中讨论焦点。

（3）把最有可能形成结果的三种方案写在白板上，公布给大家。

（4）在人员中广泛进行游说，并捕捉必要的信息（人员、趋势、热点）。

（5）通过自身积极参与，引导舆论，统一认识，形成结果。

（6）必要时已组织的名义提供一些鼓励和赞助。

（7）把这种形式潜移默化。

3. QC 小组工作流程

QC 小组工作流程如图 6-2 所示。

4. QC 小组的作用

工作通常是大多数人的生活主题，这个因素所占时间比例一般为 50% 以上，有的人就算已经下班，但他的头脑里仍然在工作，如思考、电话等。

所以，勾起工作的情结对于人们生活具有特殊意义，而 QC 小组正好为此提供了一个平台。

（1）QC 小组的存在可以磁石般吸引人，引发思维风暴、积聚智慧。

（2）QC 小组改变了一些人的生活习惯，使他们在工作或生活上取得了意想不到的成绩。

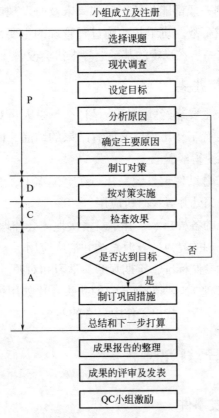

图 6-2 QC 小组工作流程

（3）人的心态、行为、习惯、个性、命运等都会因参与 QC 小组而有改变。

（4）QC 小组不是信仰，但却具有与信仰一样的作用。

第二节 及时处理制程中的异常

一、密切关注异常兆头

1. 什么是异常

异常就是生产过程中发生的各种问题、变异和不正常现象，它起初像火苗一样很小，如果及时控制一般都能化解；但如果未及时发现或控制不力时，则可能扩大，严重时甚至酿成事故。班组长实施过程管理的主要目的就是消除异常，确保生产过程稳定，并进一步在稳定的基础上寻求机会改善。

2. 如何发现异常兆头

要发现异常的兆头主要靠经验，经验是什么？是人员对既往工作的总结和结果的结晶，这其中既要有工作历程，又要有结果的结晶，两者缺一不可。班组长通常通过如下途径可以获得经验。

（1）把每日的工作总结像记日记一样写在笔记本上，然后每月汇总一次，提炼出精华，备份在脑海深处并寻找时机应用。

（2）慎重对待上级的各种指示，并重复多次地体会和理解。

（3）善于发现员工们的亮点，及时总结并推广应用。

（4）树立工作中的参照标准，定期观摩、学习和对照。

（5）还可以借助管理工具来发现异常的兆头。比如用控制图、趋势图等，通过对这些图表进行科学分析，找出工作中异常的兆头。

二、及时处理异常状况

1. 果断处理突发事件

突发事件指的是突然发生的影响生产秩序正常进行的事项。比如在流水线生产中，调试位的输出电压突然调节不到，结果造成没有合格产品产生，正常的流水秩序被迫中断。

由于生产现场人多事杂，突然发生一些意想不到的事情在所难免，这时候最需要的就是班组长沉着冷静，果断做出决定，以便稳住局面，并把产生的影响降到最低。通常班组长应按如下步骤处理突发事件。

（1）第一时间赶到事发现场，挺身而出。

（2）指挥大家采取紧急应对措施，先稳住现场局面。

（3）然后通知事件的责任人和关联部门。

（4）全力配合管理者分析事发原因。

（5）采取根本措施，解决问题，落实责任。

（6）验证采取措施的结果，并积极寻找预防和控制的方法。

2. 临时性异常问题临时解决

临时性问题指的是在一段时间内临时存在，而另一段时间内有可能自动消失的问题。比如 WCWR866 产品存在噪声偏大问题，PE 分析的结果是 DECK 接地不良，临时对策是在 PCB 上焊一条长 9cm 的 AWG26# 线，永久对策是更改 PCB 结构布局。由于这种 PCB 已有进料，数量恰好是该 LOT 的批量，所以，对该 PCB 的结构更改只能从下一个 LOT 的批量开始。那么，当新的 PCB 供货并生产时，此问题已不复存在，临时对策措施也就自然终止。这其中班组长要掌握的关键是实施更改的时效。

3. 重大异常问题第一时间解决

所谓重大问题，指的是问题属性比较严重，影响面比较大的那些危害性事项，对于这类问题如果不及时处理的话，后果可能会更严重。所以，班组长一定要在第一时间处理。而且不管处理结果如何，还要把具体的处理措施和最新状况向上级领导报告，以便听候指示和获得支援。

紧急性问题不一定重大，但由于它比较迫切，所以，也需要优先处理。因为如果处理时间拖延过长的话也可能造成事故或损失。如产品在试产阶段出现的问题，需要优先处理，如果处理不及时而带到下一个阶段，要么使工作不能按计划进行，要么引发出更严重的问题。

三、发现问题及时解决

防范问题发生的最好办法是防止错误产生，简称防错。

1. 什么是防错

防错就是防止人员在生产过程中可能出现的错误操作，或者防止因错误操作而可能产生的不良后果。因为人是整个生产过程中变化最大的因素，企业里十有八九的出错机会都是与人有关联的，但是，在全面应用了防错措施后，这种情况就会大为改观，这就是防错。就像人们使用"傻瓜"照相机一样，连傻瓜都能用，那么，就没有出错的机会了。

2. 如何防错

首先，防错是一种认识，一种人员对于现场认真揣摩之后的理解，假如人员不能够爱岗敬业，那么便很难制订出真实有效的防错措施。因此，班组长人员要做好防错，首先必须要深度理解自己管辖的生产过程，然后，通过分析、研究和总结，才能真正制订出优秀的防错措施。具体如下所示。

（1）识别出错环节：通过分析不良结果，找出易错环节。

（2）明确防错对象：所有防错措施几乎针对的都是人员的操作过程。

（3）分析出错原因：凡人都会思想抛锚、情绪波动、心不在焉或不理解等，而表现在设备方面就是运行不稳定。

（4）建立过硬防错：建立不会错的操作程序，最好实现自动识别、检测。

3. "4MIE" 方面的防错措施

（1）人员方面的防错措施。主要是用制度去落实责任，并应用程序和规定的操作实现标准化作业，具体包括以下内容。

① 操作中严格执行"双检制"，必须做到确认再确认，作业零缺点。

② 从上班开始，就把那些精力不济的人员调整到不易出错的岗位上去。

③ 开展素质教育，加强责任意识，杜绝任何偷工减料的行为和想法。

（2）机器与设备方面的防错措施。主要是增加设备的防范功能，提高机器的自动化水准，具体包括以下内容。

① 设置傻瓜操作系统，使一切错误的操作不会产生作用。

② 多应用自动化控制，减少出错的机会。

③ 多加装自动监视装置，及时防止出错。

（3）材料方面的防错措施。主要针对的是材料的管理方法，要确保在过程中只能用到合格的材料，具体包括以下内容。

① 用制度保证在生产中只使用 IQC 检验合格的材料。

② 贯彻"三检制"，通过自检剔除不良材料。

③ 建立索赔机制，确保供应商始终提供合格的材料。

（4）作业技术与工艺方面的防错措施。主要强调按程序实施标准化作业，并充分利用工具、治具和夹具，减少人为失误。具体包括以下内容。

① 把作业方法和人员经验写在作业指导书上，受控管理，严格执行。

② 事先识别可能出现的操作失误，采用工具或夹具辅助操作，事先预防。

③ 假设失效的模式，然后从制造工艺上采取预防措施。

（5）生产环境方面的防错措施。主要是强调现场环境对作业过程的适宜性，具体包括以下内容。

① 识别具体的作业干扰因素，然后采取措施从根源上消除。

② 制订适宜的环境指标，严格控制，防止出现如闷热、出汗、有灰尘等。

③ 定检各种空中装置，防止安装不稳、失效和脱落等。

④ 实施 5S，积极拓展空间，防止出现拥挤、场地狭小和操作不便等。

严格地说，防错应是工程技术人员的天职，虽然班组长不是最直接任者，但却是受惠最大的管理者，因此，无论是从实际利益还是全员防角度出发，都必须积极、彻底地应用防错方案，落实相关措施。

认真落实"三检制"

一、什么是"三检制"

1. "三检制"的含义

"三检制"就是三种检验方法制度，其内容包括自检、互检和专检。

（1）自检是作业人员在每项作业完成后对自己的作业内容所进行的确认，即自己检自己。

（2）互检是下一道工序的作业人员在开始作业前对前一道工序的作业内容所进行的确认，即别人检自己。

（3）专检则是指专门的检查人员实施的专项检验。

2. "三检制"的作用

班组实行"三检制"的作用是在现场实现"三个不"，即不制造不良，不传递不良，不接收不良。

具体内容如下所示。

（1）通过自检，消除人为的错误，达到自身完美无缺。

（2）通过互检，消除并拒绝他人的失误，达到相互督促。

（3）通过专检，提升制程检验水准，确保产品符合标准。

质量管理"三检制"有利于调动员工参与企业质量检验工作的积极性和责任感，是任何单纯依靠专业质量检验的检验制度所无法比拟的。班组长要十分熟悉并掌握质量管理"三检制"的具体内容。

二、落实"三检制"方法和技巧

1. 自检技法

（1）自检目的：确认本工序的作业内容合格。

（2）自检方式：目检。

（3）自检结果：合格时流下去，不合格时立即返工。

（4）自检方法：确认作业的内容全部到位，如果需要标记时在确认无误后打上规定的记号。

（5）自检责任：操作人员实施自检是一种认真负责的表现；而不实施自检则是马虎的表现。

（6）自检工作示意图如图6-3所示。

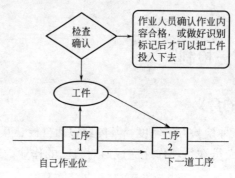

图 6-3　自检工作示意图

2. 互检技法

（1）互检目的：确认上一道工序的作业内容。

（2）互检方式：目检。

（3）互检结果：合格时开始作业，不合格时反馈或放一边。

（4）互检方法：确认上一道工序的作业状态或作业合格的标记。

（5）互检责任：直接责任属上一道工序的操作人员；间接责任属自己。

（6）互检工作示意图如图6-4所示。

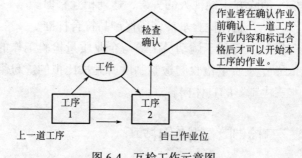

图 6-4　互检工作示意图

3. 落实"双检"的技巧

自检与互检在工作中通常被称为"双检"或者"双检制"，其有效的管理手法主要是实施自主管理。由于自检和互检没有检查记录，且在工作忙时容易疏忽，不易追溯，所以，班组长通常要采取如下措施进行管理。

（1）经常教育和训导操作人员，给他们灌输实施"双检"的重要性。

（2）不定时地在现场进行抽查，监督"双检"的实施状况。

（3）当有问题发生时，要追究与"双检"有关的双方责任。

4. 专检

专检就是专门设立的检验工位，如 QC、FQC、IPQC 等，这些工位在不同的企业有不同的管理归属。当划归品质系统专门管理时，班组长便没有什么直接管理责任；而当划归生产现场管理时，班组长需要按如下方法实施管理。

（1）识别检验标准，如产品规范、指导书、样板等。

（2）制定检验方法，如全数检验、定量检验、巡回检验。

（3）让员工按第三方的心态（即不是自检和互检的心态）实施检验。

（4）记录检验结果（报表）。

（5）及时反馈重大不良事项。

（6）必要时运用品管工具，如控制图、趋势图等进行管理。

第四节　／　严格各项工序管理

一、如何管理特殊工序

1. 如何识别特殊工序

特殊工序是指那些在制造过程中担当特殊特性操作的工位。特殊特性是指产品在制程中显得比较关键或特别的某些具体指标，通常包括两类。

（1）产品特殊特性：比较特殊或关键的与产品指标及其零件有关联的特性。

（2）过程特殊特性：比较特殊或关键的工程技术参数。

特殊的确切意思就是结果的状态不能被明确认定。关键就是指至关重要。通常它们体现在一个制造过程中并不是绝对的，而是相对的，甚至在一定条件下可以转变。具体识别它们的途径有如下三条。

（1）由客户指定。

（2）客户未指定时由开发部或工程技术部认定。

（3）在 FMEA（失败模式与效应分析）文件中由多功能小组识别。

2. 特殊工序管理方法

特殊工序的管理办法有两个。

（1）连续进行监控，确保每件产品都能在后续的过程中得到检验和试验。

（2）把该工序交给授予资格的人员去完成。实施连续监控的结果是保障了该工序的操作过程符合标准，结果符合要求。

而交给有资格的人员完成是因为这些人拥有可以把该工序做到家的能力和经验。通常实施连续监控的方法主要有以下几种。

① 利用仪器全程显示过程的各种指标，如温度、速度、电压和电流等。

② 自动探测或直接显示产品的规格。

③ 设置工位 100% 检验从这些工序出来的产品。

④ 对该工序中的特殊特性项目实施 SPC 管理，比如使用 Xbar-R Chart。

⑤ 遇到该工序及其相关项目出现问题时应优先处理。

二、工程更改管理

1. 什么是工程更改

工程更改是指在产品制造过程中有目的地改变机器、材料、方法和环境等方面的状态或指标的行为，实施工程更改的目的是为了改善制造工艺，更好地满足生产需要。

2. 工程更改的内容

常见的更改内容主要有以下几方面。

（1）变更产品指标，包括在工品、完成品和成品等所有阶段的产品指标。

（2）变更生产材料，如改换材料的规格、材质、品种或者供应商等。

（3）辅助材料变更，包括改参数和换品种。

（4）变更作业方法，如改手焊锡为机器自动焊锡等。

（5）更换机器设备，如因机器设备故障而改换或修理等。

（6）更换仪器仪表，如因仪器仪表不良而改换或修理。

（7）变更工具、JIG，如因改进作业而改换工具、JIG 等。

（8）变更生产场所，如调换车间或新开生产线等。

（9）变更现场环境，如改变生产现场的温湿度、太阳光照、污染等。

有工程更改指令要发布时，使用工程更改通知书（英文简称 ECN 或 ECO）进行发布，这是一种专用的表单，具体格式见表 6-2。

表 6-2 工程更改通知书

报送：			编号：	
产品		工程名称		
型号		变更性质		
变更适用期				
变更理由				
变更内容记录				
备注				
责任人：	审核人：		批准：	日期：

3. 工程更改的操作

工程更改是令现场最头痛的问题之一，发生工程更改时工程部会发布 ECN（工程更改通知书）到各相关部门，如果条件许可他们会及时修改关联的技术文件（如作业指导书），并一同发出；但如果情况不允许时，他们通常会先发 ECN，稍后再发修订好的关联技术文件。与 ECN 有关的技术文件通常包括监控计划书、作业指导书、操作说明书、图样、产品规格书、生产配置图、BOM（材料清单）等。

4. 工程更改的管理

当现场接收到发布的 ECN 时，班组长人员应紧紧盯住相关的变更事项内容，密切观察变更实施后的结果，做到对变更内容心中有数和有效控制，并掌握第一手资料数据。具体的管理内容包括以下几方面。

（1）记录更改的实施日期、时间，必要时记录开始变更的产品号码。

（2）重点关注与更改内容密切关联的工序，掌握变更结果。

（3）详细确认实施变更后的第一批产品（一般是 3 ~ 20 件），找出问题点。

（4）把变更结果报告给上级管理者。

三、注重修理过程的管理

1. 规定修理程序

（1）认识修理作业。修理作业是指对不良品实施的纠正措施，该工作主要由修理人员完成。返工其实也是一种修理，只不过是广义的修理。因修理作业具有抽象、面广和内容不确定等特点，所以，班组长在管理过程中需要格外关注，必要时还要采取特别措施。

(2) 管理修理人员。通过招聘或在员工中提拔具有专业技能的人员充当产品修理人员。一般来说,修理人员要具有足够的经验,不仅对产品功能要有深刻认识,更要具有一定的品质保证意识,必要时还要赋予资格。

修理人员的职责不仅仅是修好产品,而是要通过对产品的修理来举一反三,提出反馈意见,防止类似的修理现象再产生。由此可以说,埋头苦干的修理人员的确是诚实的,但并不一定是最好的。

修理人员通过长期的产品修理,积累了丰富的经验,对产品制造工艺也有比较深刻的认识,如果再能够学习管理知识,拓宽视野的话,那么前途将是非常光明的。难怪有人说:修理人员是生产管理者尤其是班组长的摇篮。

2. 复检修理产品

(1) 尽管修理人员的水平普遍比 QC 人员高,但修理品必须经过原检验工位的 QC 人员重检合格才能算合格。

(2) 对完成品经修理的要做适当标识(记录编号),以便于事后追溯。

(3) 凡经多次修理(超过 3 次)的产品不宜按正常途径使用,最好报废处理。

(4) 生产过程中发生的修理品经修理后应与良品采取一样的方式处理。

(5) 修理作业中如发现产品有同类故障经多次修理或有急性重大隐患时,修理人员应立即知会现场班组长采取措施。

3. 确保全程追溯性

正常途径生产的产品一般不会有追溯问题,出问题的往往是被修理尤其是重复修理的产品,为了确保这些物品能够全程追溯,修理人员要依据相关文件和标准开展修理工作,并建立必要的记录。

(1) 修理用程序文件和作业指导书;

(2) 产品工艺标准;

(3) 图样、式样书、说明书;

(4) 标准样机、参考样机;

(5) 检验数据单、参数、规格书;

(6) 被文件化和格式化了的客户要求;

(7) 品质标准和要求,包括外观标准;

(8) 耐久性(可靠性)实验结果;

(9) 产品规范、管理指标和内部参考指标;

(10) 格式化的修理记录报表。

四、有的放矢抓结果

1. 紧抓目标与结果

（1）目标。（Key Performance Indicator，KPI）是过程的关键绩效指标。通常一个量化并可以被测量的 KPI 就是班组工作的主线，班组长完全可以通过它去引导员工的工作方向，并挖掘到最大的效率。

正确实施 KPI 的方法应按如下步骤进行。

① 班组长依据企业的总体方针和目标确定项目。

② 员工依据自己分担的项目识别需要的过程及其主要指标。

③ 进一步把关键指标量化，并找到可测量的方法。

④ 把各个测量指标加权后排列顺序。

⑤ 重点掌握排在最前面的几个关键指标，这些就是 KPI。

⑥ 班组长向管理者报告并听取意见。

⑦ 被批准后进入实施与考核阶段。

（2）结果导向。结果导向就是以结果为过程中诸多行动的指导方向，并进一步督促落实。在结果导向的要求下，所有工作要的都是最终成果，有无成果、好坏与否，自然分明。但是，结果导向也不是绝对的，它有它的适用范围，如对于管理者实施时比较合适，而对于操作人员实施时则并不很合适。班组长作为现场的直接管理者，抓住结果导向就是抓住了取得成绩的钥匙。

（3）抓住了结果才有成绩。结果就是成绩，没有结果就没有成绩。班组长抓住结果的方法主要有以下几种。

① 掌握变化因素，紧扣生产计划。

② 执行上级指示，理解上级的意图。

③ 快速处理异常，稳定生产过程。

④ 保证最终结果，做到心中有数。

2. 输出事项管理

（1）递交一份精彩报告。报告如果"又臭又长"，别说上级不想看，就是自己看起来也嫌啰嗦。因此，班组长所做的工作报告一定要简洁和精炼，说具体点就是要言简意赅，条理分明，能开门见山，措辞大众化并尽可能使用精确的数据。报告制作时应按如下步骤和要求进行。

① 先写来龙去脉，如致××、由××等。

② 标题要鲜明，要能突出所报告的问题。

③ 必要时写一点摘要，摘要内容以能在两分钟内看完并理解为宜。

④ 正文须按层次写，内容太多的部分可以整理成附件。

⑤ 强调数码思维，突出"是"与"否"，杜绝"是的，但是"。

⑥ 适宜时，附上必要的图形。

⑦ 可能时尽量使用表格。

⑧ 最后，别忘了以"谢谢"两个字结束。

（2）完成品入库管理。完成品是班组最大的输出事项，应该实施入库管理。入库数量应是生产日报中所报告的全部数量，而且要做到"日毕日清"，不拖泥带水。具体方法如下所示。

① 现场完成品区域的放置量达到 2/3 以上时，必须实施入库管理。

② 入库时班组长开出入库单，经上级批准后实施。

③ 搬运产品入库的人员要与仓库管理员交接清楚，签名确认。

④ 汇总全天入库总数，写在生产日报上，不得有差数。

3. 重点检查重要环节

员工只会做班组长检查的事，这是因为如果检查发现问题时他就会受到处罚；而员工不会做班组长在乎的事，因为大多数人还理解不到这一点。所以，现场管理中如果班组长在乎什么，那就去检查什么。通过检查，就会发现员工会更加认真和卖力地做事，这便是检查的动力。

然而，检查仅仅是手段，绝不是目的。但是，有的班组长却把检查当成了工作目的。他们有时往往为了检查而进行检查，那么，这样的检查就是形式，而且检查中看到的现状也大都是些虚假表象，显然这是需要杜绝的。

4. 消除假象

假象就是在形式上人为制造的某种表象，属于有目的的臆造行为。具体的表现是夸大事实、阳奉阴违，严重时搞欺骗。有些人往往会在有意或无意之间钻空子，当面一套，背后一套，这是一种根深蒂固的劣习。

当班组长遇到这种现象时不仅要善于明鉴其实质，更要及时采取必要的监控措施，以便从根本上消除假象。具体方法如下所示。

（1）抓住现场实质，实行走动式管理，通过管理者亲临现场而达到眼见为实、就事论事的检查与督促作用。

（2）量化工作过程，铲除人员制造虚假表象的基础。

（3）强化预防措施，有的放矢地事先跟踪薄弱环节。

（4）宽容诚实的错误，创建人性化的管理氛围。

（5）杜绝浮躁，追求认真，决不放任"蜻蜓点水"的做事行为。

（6）彻底消除"差不多就行了"这句被很多人挂在嘴边的口头禅。

5．务必获得领导支持

（1）谁是领导。现场的领导很多，但真正支持工作的领导可能并不需要太多，这是因为他们在支持的同时一方面要承担责任，另一方面会带来麻烦。而班组长必须要获得支持的领导主要包括以下几类。

① 上司：这是最重要的，你的成绩全在他的掌控中。

② 上级：这也相当重要，因为企业是一个有机的整体。

③ 老板：这也比较重要，虽然老板能顾及的机会比较少，但即使仅有一点点印象，意义往往会很深远。

（2）获得领导支持的方法。

① 重视领导指示的事项。

② 工作中遇有重大事项时，必须通报领导并寻求指导。

③ 自己有好的想法时，报告领导批准后再实施。

④ 做出成绩时，可与领导一起分享。

（3）领导支持是动力。有了领导的支持，班组长的工作会受益无穷，这些益处又会促进其他工作进一步顺利进行，因此，领导的支持具有动力作用。具体包括以下几方面。

① 在资源方面获得帮助，确保班组后劲足。

② 遇到问题时能有人帮忙出谋划策，可以分享领导者的经验。

③ 充分享受领导者的号召力，可以减少别人的闲谈和议论。

④ 可使自己的责任与风险得到减轻。

第五节 / 不良品的处置

一、严格管理不良品

1．标识不良特征

（1）什么是不良品。生产现场的不良品泛指那些不符合标准或要求的材料、半成品、成品、产品和其他物品等，另外，对于不能确定其性质的这类物品也必须按不良品一样管理。

不良品有可能来自与现场有关的所有部门。

① 生产人员错误操作产生的不符合要求的产品。

② 上线时本身就存在不符合要求事项（有缺陷）。

③ 因粗暴搬运作业损坏的产品。

④ 在检验或分析过程中损坏的产品。

⑤ 被拉乱后无法辨认其性质的物品。

（2）标识不良品的方法。不良品在发现之初就应该由发现者标识好，如果发现者无法标识时则需要由最初的判定者实施标识。常用的标识方法主要有以下几种。

① 在软贴纸（皱纹胶纸）上写明不良特征，然后就近贴在不良事项旁。

② 把箭头贴纸贴于不良产品的缺陷处所后，分类放置。

③ 给具体的不良部位打上规定的记号，然后区分放置该不良品。

④ 对于粉剂或液态产品，应置于事先标识好的器皿内。

⑤ 最好采用独立（单个）标识法逐个标识每个不良品。

2. 指定放置区域

（1）指定原则。指定放置区域的责任人员是现场的直接管理者，也就是班组长；一般的原则有四个。

① 就近原则：即要指定在发生或发现不良处所比较近的地方。

② 易辨原则：即该区域要醒目，易于人员辨认，如红色标记区域。

③ 区分原则：即要确保能区分清楚，不会发生混淆。

④ 规律原则：即要顾及现场规范化和规律性的特点，确保整齐划一。

（2）指定方法。指定方法应符合企业一贯的手法，并确保指定结果与人员的意识和作业习惯相适应。一般的原则有四个。

① 区域位置：顺手、易放而又不会影响畅通的适宜处。

② 区域大小：至少可以容纳正常生产状态下半个工作日所产生的不良。

③ 区域性质：经济实用，且能满足被放置品物性的需要。

④ 区域状态：运用的最好是半封闭状态，保管用的最好是全封闭状态。

3. 采取封锁与隔离措施

常见的封锁措施主要有锁进一个独立房间、置于带锁的密闭容器中、把不良品封闭包装后加上封贴等。常见的隔离措施主要有用栅栏隔开、用器皿装起、用塑料薄膜包裹。

4. 妥善处理报废品

虽然是即将报废的物品，但在形式上仍然属于企业的财产，所以，班组长不可以在现场随意处置，以免带来不必要的麻烦。而正确的处理方法如下。

（1）材料类：尽可能按原包装状态装好，按规定通报并返还给仓库。

（2）产品类：拆成散件，看能否按材料处理，否则卖垃圾。

（3）器具类：保持现有功能状态、封装、标识，然后按规定通报处理。

二、如何运用 MRB

1. 什么是 MRB

MRB 是一个英文缩写词，具体含义是 Material Review Board，材料评审委员会。它其实是企业的一个多功能组织，作用就是对即将要报废的材料（包括产品和设备）进行评价并作出相关决定。同时，MRB 又是一个松散的组织，它平时不发挥任何作用，只有在相关部门申请报废材料时才由指定的委员长牵头组成。委员长一般由企业副总级别以上的人员担任，具体成员包括品质、工程、物料、生产等关联部门的经理、工程师或其他必要的代表。

当企业没有建立 MRB 程序时，那些无法继续使用的物品往往得不到及时处理，要么被搁置一角，占用现场空间；要么露天放置，任其日晒雨淋，自然腐朽。这些都是浪费的表现，而建立 MRB 的目的就是要有效地解决它们。

2. MRB 涉及物品类别

实施报废意味着对财产损失进行认可，因此，各部门在申请 MRB 物品时要谨慎。

通常在现场有可能实施报废的物品类别主要有以下几种。

（1）无法修理好的不良半成品、在工品、成品。

（2）因商务行为变故而导致无法转用的产品。

（3）过期的材料，多余的边角料。

（4）作废的实验用品。

（5）修理和后续使用无望的机器、设备。

3. MRB 运作流程

MRB 运作流程图如图 6-5 所示。

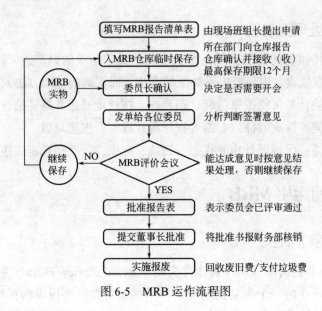

图 6-5　MRB 运作流程图

三、防止不良品有何要诀

1. 稳定的人员

人员流动的频率往往可以反映员工对企业的认同程度，一切成长的条件都是随着人员的流动而流失，质量也是一样。稳定人员做起来很难，这就需要班组长在管理过程中对每一个新进员工表明："你对我很重要。"这样自然能够产生工作情感，员工对班组有了感情，情绪就会稳定。人员的情绪稳定了，其产品质量自然也会提升。

2. 有良好的教育训练

每一项工作都需要专业人员将专业知识及理论基础演化为实用性的技巧，尽快填补员工因工作经验的不足和理念上的差异所造成的沟通协调困难。

3. 标准化操作

标准是制度，是规定，是工作规则，也是工作方法。因此，制订各种标准必不可少。

4. 消除环境的脏乱现象

工作场所脏乱，代表的是效率低下、品质不稳定以及"总值"的浪费。推行5S 活动就能得到意想不到的效果。虽然，脏乱不是影响品质的决定因素，但又不得不承认它跟产品的品质有因果关系。

5. 合理的统计技术

传统的质量管理方法是对产品进行检验，让良品继续流向下一道工序，而把不良品予以剔除。这只能得到被检验产品的品质信息，而对于产品的品质改善是没有意义的。所以，统计品质也是一个很重要的因素。

6. 完善的机器保养制度

产品是靠机器来生产的，机器有精密度与使用寿命。机器就像人的身体一样，平常就得注意保养。身体不保养，健康就会受到影响。同样，机器不注意保养，其精密度、使用寿命就会随之下降，产品质量也会受到影响。

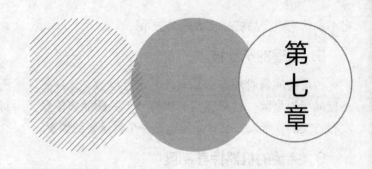

第七章

了解质量管理体系与认证

　　质量管理体系是指企业质量方针、目标和职责轴心，质量管理体系在现代企业中的重要性已经不可同日而语。作为影响企业产品质量的关键岗位的班组长，不可不知企业的质量管理体系。

　　作为生产班组长，只需要一般性了解就行，如果是 QC 管理班组长则必须详细了解和掌握。

质量管理体系

一、质量管理体系架构

1. 质量管理体系的含义

质量管理体系是指确定质量方针、目标和职责，并通过质量体系中的质量策划、控制、保证和改进来使其实现的全部活动。

2. 管理体系标准

质量管理体系是组织内部建立的、为实现质量目标所必需的、系统的质量管理模式，是组织的一项战略决策。它将资源与过程结合，以过程管理方法进行的系统管理，根据企业的特点选用若干体系要素加以组合，一般包括与管理活动、资源提供、产品实现以及测量、分析与改进活动相关的过程组成，可以理解为涵盖了从确定顾客需求、设计研制、生产、检验、销售、交付之前全过程的策划、实施、监控、纠正与改进活动的要求，一般以文件化的方式，成为组织内部质量管理工作的要求。

针对质量管理体系的要求，国际标准化组织的质量管理和质量保证技术委员会制定了 ISO9000 族系列标准，以适用于不同类型、产品、规模与性质的组织，该类标准由若干相互关联或补充的单个标准组成，其中为大家所熟知的是 ISO9001《质量管理体系要求》，它提出的要求是对产品要求的补充，经过数次的改版。在此标准基础上，不同的行业又制定了相应的技术规范。

ISO9001：2008 标准是由 ISO（国际标准化组织）/TC176/SC2 质量管理和质量保证技术委员会质量体系分委员会制定的质量管理系列标准之一。

二、ISO9000 体系的重要性与原则

1. 重要性

（1）参加隐蔽工程验收和分项工程技术复核工作，检查评定分项工程质量等级，及时办理有关质量检查记录手续。

（2）提出处理意见和防范措施，检查督促质量整改的落实情况，参加工程质量事故的调查分析工作。

（3）对施工现场出现的质量问题负主要责任，协助项目经理及技术负责人对本工程施工质量管理工作。

（4）以有关工程质量评定标准和验收规范为依据，对各项工程的工程质量进行检查监督。

（5）负责技术资料的监督、检查及收集，做到技术质量资料的完善与工程施工进度目标的完成。

（6）严格遵守企业的财务制度，杜绝本工程的一切不正之风和腐败现象。

质量管理本身是一份职责，是一份担当。在岗一日，也要把好本职工作。得不到重视，已不是重点，工程质量良好才是重点。

2. 八大原则

八项质量管理原则是最高领导者用于领导组织进行业绩改进的指导原则，是构成 ISO9000 族系列标准的基础，包括以下内容。

① 以顾客为关注焦点；

② 领导作用；

③ 全员参与；

④ 过程方法；

⑤ 管理的系统方法；

⑥ 持续改进；

⑦ 基于事实的决策方法；

⑧ 与供方互利的关系。

三、ISO9000 体系的特性与特点

1. 体系特性

（1）符合性。欲有效开展质量管理，必须设计、建立、实施和保持质量管理体系。组织的最高管理者对依据 ISO9001 国际标准设计、建立、实施和保持质量管理体系的决策负责，对建立合理的组织结构和提供适宜的资源负责；管理者代表和质量职能部门对形成文件的程序的制订和实施、过程的建立和运行负直接责任。

（2）唯一性。质量管理体系的设计和建立，应结合组织的质量目标、产品类别、过程特点和实践经验。因此，不同组织的质量管理体系有不同的特点。

（3）系统性。质量管理体系是相互关联和作用的组合体，具体包括以下内容。

① 组织结构——合理的组织机构和明确的职责、权限及其协调的关系。

② 程序——规定到位的形成文件的程序和作业指导书，是过程运行和进行活动的依据。

③ 过程——质量管理体系的有效实施，是通过其实施过程的有效运行来实现的。

④ 资源——必需、充分且适宜的资源包括人员、资金、设施、设备、材料、能源、技术和方法。

（4）全面有效性。质量管理体系的运行应是全面有效的，既能满足组织内部质量管理的要求，又能满足组织与顾客的合同要求，还能满足第二方认定、第三方认证和注册的要求。

（5）预防性。质量管理体系应能采用适当的预防措施，有一定的防止重要质量问题发生的能力。

（6）动态性。最高管理者定期批准进行内部质量管理体系审核，定期进行管理评审，以改进质量管理体系；还要支持质量职能部门（含车间）采用纠正措施和预防措施改进过程，从而完善体系。

（7）持续受控。质量管理体系所需求过程及其活动应持续受控。质量管理体系应最佳化，组织应综合考虑利益、成本和风险，通过质量管理体系持续有效运行使其最佳化。

2. 体系特点

（1）它代表现代企业或政府机构思考如何真正发挥质量的作用和如何最优地做出质量决策的一种观点。

（2）它是深入细致的质量文件的基础。

（3）质量体系是使企业内更为广泛的质量活动能够得以切实管理的基础。

（4）质量体系是有计划、有步骤地把整个企业主要质量活动按重要性顺序进行改善的基础。

任何组织都需要管理。当管理与质量有关时，则为质量管理。质量管理是在质量方面指挥和控制组织的协调活动，通常包括制订质量方针、目标以及质量策划、质量控制、质量保证和质量改进等活动。实现质量管理的方针目标，有效地开展各项质量管理活动，必须建立相应的管理体系，这个体系就称为质量管理体系。它可以有效进行质量改进。ISO 9000是国际上通用的质量管理体系。

四、什么是GB/T 14000—ISO14000系列标准

GB/T 14000—ISO14000系列标准是指由国际标准化组织环境管理技术委员会（ISO/TC207）起草的，在自愿和国际间一致意见基础上制定的环境管理体系国际系列标准。ISO14000系列标准是一套科学化、系统化、规范化的管理标准，是由最高管理者承诺与支持的一个组织有计划、协调运作的管理活动，它通过有明确职责、义务的组织结构来贯彻落实，目的是防止对环境的不利影响。环境管理体系是一项内部管理工具，旨在帮助组织实现自身设定的环境表现水平，并不断改进环境行为，以保证组织内部环境管理体系的不断完善和提高。

1. GB/T 14000—ISO14000系列标准的概念

ISO14000主要由环境方针、规划、实施与运行、检查与纠正措施、管理评审五大要素组成，每个大要素又可分成许多小要素，构成建立环境管理体系的基本要求。ISO14000系列标准是通用的，既可以应用于制造业，也可用于服务业；既可用于公共部门，也可用于私营部门。它本身并没有规定环境保护的水平，而是指出了环境管理体系的要求。

2. ISO14000系列标准背景介绍

在近代工业的发展过程中，由于人类过度追求经济增长速度而忽略环境的重要性，导致水土流失、土地沙漠化、水体污染、空气质量下降、全球气候反常、臭氧层耗竭、生态环境严重破坏……环境问题已成为制约经济发展和人类生存的重要因素。各国政府非常重视环境问题，纷纷制定环境标准，各项标准日趋严格。出口商品因不符合标准而蒙受巨大经济损失，环境问题已成为绿色贸易壁垒，成为企业生存和发展必须关注的问题。

考虑到零散的、被动适应法规要求的环境管理机制不足以确保一个组织的环境行为不仅现在满足，将来也一直能满足法律和方针所提出的要求，企业没有持续改进的动力，国际标准化组织（ISO）在汲取世界发达国家多年环境管理经验的基础上制定并颁布了ISO14000环境管理系列标准。

ISO14000环境管理系列标准已成为一套目前世界上最全面和最系统的环境管理国际化标准，并引起世界各国政府、企业界的普遍重视。

3. ISO14000环境管理系列标准

ISO14001：2004《环境管理体系—规范与使用指南》

ISO14010：1996《环境审核指南—通用原则》

ISO14011：1996《环境审核指南—审核程序—环境管理体系审核》

ISO14012：1996《环境审核指南—环境审核员资格要求》

ISO14020：1998《环境标志和声明—通用原则》

ISO14040：1997《生命周期分析—原则和指南》

ISO14041：1998《生命周期分析—目标和范围界定清单分析》

ISO14050：1998《环境管理词汇》

ISO 导则 64：1997《产品标准中环境因素导则》

其中，组织依据 ISO14001：2004《环境管理体系—规范与使用指南》建立环境管理体系（EMS），并通过第三方认证机构的认证已经成为打破国际绿色壁垒、进入欧美市场的准入证，并逐渐成为组织进行生产、经营活动及贸易往来的必备条件之一。

4．ISO14000 的特点

（1）注重体系的完整性，是一套科学的环境管理软件。

（2）强调对法律法规的符合性，但对环境行为不作具体规定。

（3）要求对组织的活动进行全过程控制。

（4）广泛适用于各类组织。

（5）与 ISO9000 标准有很强的兼容性。

（6）ISO14000 带给企业效益。

（7）获取国际贸易的"绿色通行证"。

（8）增强企业竞争力，扩大市场份额。

（9）树立优秀的企业形象。

（10）改进产品性能，制造"绿色产品"。

（11）改革工艺设备，实现节能降耗。

（12）污染预防，环境保护。

（13）避免因环境问题所造成的经济损失。

（14）提高员工环保素质。

（15）提高企业内部管理水平。

（16）减少环境风险，实现企业永续经营。

5．认证基本要求

（1）组织应建立符合 ISO14000 标准要求的文件化环境管理体系，在申请认证之前应完成内部审核和管理评审，并保证环境管理体系的有效、充分运行 3 个月以上。

（2）组织应向世通认证提供环境管理体系运行的充分信息，对于多现场应说明各现场的认证范围、地址及人员分布等情况，世通认证将以抽样的方式对多现场进行审核。

（3）组织自建立环境管理体系始，应保持对法律法规符合性的自我评价，并提交组织的三废监测报告及一年以来的守法证明。在不符合相关法律法规要求时应及时采取必要的纠正措施。

（4）ISO14000审核是一项收集客观证据的符合性验证活动，为使审核顺利进行，组织应为世通认证开展认证审核、跟踪审核、监督审核、复审换证以及解决投诉等活动做出必要的安排，包括文件审核、现场审核、调阅相关记录和访问人员等各个方面。

（5）组织获证后，应遵守世通认证的有关要求，在进行宣传时应仅就获准认证的范围做出申明，并遵守世通认证有关认证证书及认证标志使用规定；在监督审核时世通认证将对认证证书及标志的使用情况进行审核。

（6）当组织的环境管理体系出现变化，或出现影响环境管理体系符合性的重大变动时，应及时通知世通认证；世通认证将视情况进行监督审核、换证审核或复审以保持证书的有效性。

（7）组织应向世通认证提供有关与相关方信息沟通和投诉的记录，以及采取纠正措施的记录。

五、ISO9000标准与ISO14000标准的关系

ISO9000系列标准已被全世界80多个国家和区域的组织所采用，为广大组织提供了质量管理和质量保证体系方面的要素、导则和要求。ISO14000系列标准是对组织的活动、产品和服务从原材料的选择、设计、加工、销售、运输、使用到最终废弃物的处置进行全过程的管理。

1. 二者共同点

（1）ISO14000与ISO9000具有共同的实施对象：在各类组织建立科学、规范和程序化的管理系统。

（2）两套标准的管理体系相似：ISO14000某些标准的框架、结构和内容参考了ISO9000中某些标准规定的框架、结构和内容。

2. 二者区别

（1）承诺对象不同：ISO9000标准的承诺对象是产品的使用者、消费者，它是按不同消费者的需要，以合同形式来体现的。而ISO14000系列标准则是向相关方的承诺，受益者将是全社会，是人类的生存环境和人类自身的共同需要，这无法通过合同体现，只能通过利益相关方，其中主要是由政府来代表社会的需要，用法律、法规来体现，所以ISO14000的最低要求是达到政府的环境法律、法规与其他要求。

（2）承诺的内容不同：ISO9000 系列标准是保证产品的质量；而 ISO14000 系列标准则要求组织承诺遵守环境法律、法规及其他要求，并对污染预防和持续改进作出承诺。

（3）体系的构成模式不同：ISO9000 的质量管理模式是封闭的，而环境管理体系则是螺旋上升的开环模式，要求体系不断地有所改进和提高。

（4）审核认证的依据不同：ISO9000 标准是质量管理体系认证的根本依据；而环境管理体系认证除符合 ISO14001 外，还必须符合本国的环境法律、法规及相关标准，如果组织的环境行为不能达到国家要求，则难以通过体系的认证。

（5）对审核人员资格的要求不同：ISO14000 系列标准涉及的是环境问题，面对的是如何按照本国的环境、法规、标准等要求保护生态环境，污染防治和处理的具体环境问题，所以环境管理体系对组织有目标、指标的要求，因而从事 ISO14000 认证工作的人员必须具备相应的环境知识和环境管理经验，否则难以对现场存在的环境问题做出正确判断。

经过若干年的应用，国际标准化组织对 94 版 ISO9000 标准进行了较多修改，并发布了 ISO9000 标准的最新修订草案：ISO/CD29001：2000《质量管理体系—要求》标准，简称 2000 年版 ISO9000 标准。

国际标准 ISO9001：2000 是由 ISO/TC176/SC2 国际标准化组织质量管理和质量保证技术委员会质量体系分会按 ISO/IEC 指令—国际标准的结构和草案规定第三部分（1997 版本）制定。

ISO9002：1994 和 ISO9003：1994 版已合并到本国际标准中，ISO9001：2000 一经出版，就取消了 ISO9002：1994 和 ISO9003：1994。已经使用 ISO9002：1994 和 ISO9003：1994 的组织可采取限制应用范围或剔除某些要求的方式，来使用本标准。

第二节　质量管理体系认证工作原则

质量管理体系认证工作有八大基本原则。

一、以顾客为关注焦点

组织依存于他们的顾客，因而组织应理解顾客当前和未来的需求，满足顾客需求并争取超过顾客的期望。

1. 实施本原则要开展的活动

（1）全面地理解顾客对于产品、价格、可依靠性等方面的需求和期望。

（2）谋求在顾客和其他受益者（所有者、员工、供方、社会）的需求和期望之间的平衡。

（3）将这些需求和期望传达至整个组织。

（4）测定顾客的满意度并为此而努力。

（5）管理与顾客之间的关系。

2. 实施本原则带来的效应

（1）对于方针和战略的制订，使得整个组织都能理解顾客以及其他受益者的需求。

（2）对于目标的设定，能够保证将目标直接与顾客的需求和期望相关联。

（3）对于运作管理，能够改进组织满足顾客需求的业绩。

（4）对于人力资源管理，保证员工具有满足组织的顾客所需的知识与技能。

二、发挥领导作用

领导者建立组织相互统一的宗旨、方向和内部环境。所创造的环境能使员工充分参与实现组织目标的活动。

1. 实施本原则要开展的活动

（1）努力进取，起领导的模范带头作用。

（2）了解外部环境条件的变化并对此作出响应。

（3）考虑到包括顾客、所有者、员工、供方和社会等所有受益者的需求。

（4）明确地提出组织未来的前景。

（5）在组织的各个层次树立价值共享和精神道德的典范。

（6）建立信任感、消除恐惧心理。

（7）向员工提供所需要的资源和在履行其职责和义务方面的自由度。

（8）鼓舞、激励和肯定员工的贡献。

（9）进行开放式的和真诚的相互交流。

（10）教育、培训并指导员工。

（11）设定具有挑战性的目标。

（12）推行组织的战略以实现这些目标。

2. 实施本原则带来的效应

（1）对于方针和战略的制订，使得组织的未来有明确的前景。

（2）对于目标的设定，将组织未来的前景转化为可测量的目标。

（3）对于运作管理，通过授权和员工的参与，实现组织的目标。

（4）对于人力资源管理，具有一支经充分授权、充满激情、信息灵通和稳定的劳动力队伍。

三、全员参与

各级人员都是组织的根本，只有他们的充分参与才能使他们的才干为组织带来收益。

1. 实施本原则员工要开展的活动

（1）承担起解决问题的责任。

（2）主动地寻求机会进行改进。

（3）主动地寻求机会来加强他们的技能、知识和经验。

（4）在团队中自由地分享知识和经验。

（5）关注为顾客创造价值。

（6）对组织的目标不断创新。

（7）更好地向顾客和社会展示自己的组织。

（8）从工作中得到满足感。

（9）作为组织的一名成员而感到骄傲和自豪。

2. 实施本原则带来的效应

（1）对于方针和战略的制订，使得员工能够有效地对改进组织的方针和战略目标作出贡献。

（2）对于目标的设定，让员工承担起对组织目标的责任。

（3）对于运作管理，让员工参与适当的决策活动和对过程的改进。

（4）对于人力资源管理，让员工对他们的工作岗位更加满意，积极地参与有助于个人成长和发展的活动，符合组织的利益。

四、过程管理

将相关的资源和活动作为过程来进行管理，可以更高效地达到预期的目的。

1. 实施本原则要开展的活动

（1）对过程给予界定，以实现预期的目标。

（2）识别并测量过程的输入和输出。

（3）根据组织的作用识别过程的界面。

（4）评价可能存在的风险、因果关系以及内部过程与顾客、供方和其他受益者的过程之间可能存在的相互冲突。

（5）明确地规定对过程进行管理的职责、权限和义务。

（6）识别过程内部和外部的顾客、供方和其他受益者。

（7）在设计过程时，应考虑过程的步骤、活动、流程、控制措施、培训需求、设备、方法、信息、材料和其他资源，以达到预期的结果。

2. 实施本原则带来的效应

（1）对于方针和战略的制订，使得整个组织利用确定的过程，能够增强结果的可预见性、更好地使用资源、缩短循环时间、降低成本。

（2）对于目标的设定，了解过程能力有助于确立更具有挑战性的目标。

（3）对于运作管理，采用过程的方法，能够以降低成本、避免失误、控制偏差、缩短循环时间、增强对输出的可预见性的方式得到运作的结果。

（4）对于人力资源管理，可降低在人力资源管理（如人员的租用、教育与培训等）过程的成本，能够把这些过程与组织的需要相结合，并造就一支有能力的劳动力队伍。

五、管理的系统方法

针对制订的目标，识别、理解并管理一个由相互联系的过程所组成的体系，有助于提高组织的有效性和效率。

1. 实施本原则要开展的活动

（1）通过识别或展开影响既定目标的过程来定义体系。

（2）以最有效地实现目标的方式建立体系。

（3）理解体系各个过程之间的内在关联性。

（4）通过测量和评价持续地改进体系。

（5）在采取行动之前确立关于资源的约束条件。

2. 实施本原则带来的效应

（1）对于方针和战略的制订，制订出与组织的作用和过程的输入相关联的全面的和具有挑战性的目标。

（2）对于目标的设定，将各个过程的目标与组织的总体目标相关联。

（3）对于运作管理，对过程的有效性进行广泛的评审，可了解问题产生的原因并适时地进行改进。

（4）对于人力资源管理，加深对于在实现共同目标方面所起作用和职责的理解，能够减少相互交叉职能间的障碍，改进团队工作。

六、持续改进

持续改进是一个组织永恒的目标。

1. 实施本原则要开展的活动

（1）将持续地对产品、过程和体系进行改进作为组织每一名员工的目标。

（2）应用有关改进的理论进行渐进式的改进和突破性的改进。

（3）周期性地按照"卓越"的准则进行评价，以识别具有改进的潜力的区域。

（4）持续地改进过程的效率和有效性。

（5）鼓励预防性的活动。

（6）向组织的每一位员工提供有关持续改进的方法和工具方面的教育及培训，如：

① PDCA 循环；

② 解决问题的方法；

③ 过程重组；

④ 过程创新。

（7）制订措施和目标，以指导和跟踪改进活动。

（8）对任何改进给予承认。

2. 实施本原则带来的效应

（1）对于方针和战略的制订，通过对战略和商务策划的持续改进，制订并实现更具竞争力的商务计划。

（2）对于目标的设定，设定实际的和具有挑战性的改进目标，并提供资源加以实现。

（3）对于运作管理，对过程的持续改进涉及组织内员工的参与。

（4）对于人力资源管理，向组织的全体员工提供工具、机会和激励，以改进产品、过程和体系。

七、基于事实的决策

有效的决策是建立在对数据和信息进行合乎逻辑和直观的分析基础上。

1. 实施本原则要开展的活动

（1）对相关的目标值进行测量，收集数据和信息。

（2）确保数据和信息具有足够的精确度、可靠性和可获取性。

（3）使用有效的方法分析数据和信息。

（4）理解适宜的统计技术的价值。

（5）根据逻辑分析的结果以及经验和直觉进行决策并采取行动。

2. 实施本原则带来的效应

（1）对于方针和战略的制订，根据数据和信息设定的战略方针更加实际、更可能实现。

（2）对于目标的设定，利用可比较的数据和信息，可制订出实际的、具有挑战性的目标。

（3）对于运作管理，由过程和体系的业绩所得出的数据和信息可导致改进和防止问题的再发生。

（4）对于人力资源管理，对从员工监督、建议等来源的数据和信息进行分析，可指导人力资源方针的制订。

八、与供方形成互利关系

组织和供方之间保持互利关系，可增进两个组织创造价值的能力。

1. 实施本原则要开展的活动

（1）识别并选择主要的供方。

（2）把与供方的关系建立在兼顾组织和社会的短期利益和长远目标的基础之上。

（3）清楚地、开放式地进行交流。

（4）共同开发、改进产品和过程。

（5）共同理解顾客的需求。

（6）分享信息和对未来的计划。

（7）承认供方的改进和成就。

2. 实施本原则带来的效应

（1）对于方针和战略的制订，通过发展与供方的战略联盟和合作伙伴关系，赢得竞争的优势。

（2）对于目标的设定，通过供方早期的参与，可设定更具挑战性的目标。

（3）对于运作管理，建立和管理与供方的关系，以确保供方能够按时提供可靠的、无缺陷的产品。

（4）对于人力资源管理，通过对供方的培训和共同改进，发展和增强供方的能力。

第三节 ／ 质量管理体系认证

一、质量管理体系认证程序

1. 质量体系认证的申请

（1）申请人提交一份正式的应由其授权代表签署的申请书。申请书或其附件应包括以下几方面内容。

① 申请方简况，如组织的性质、名称、地址、法律地位，以及有关人力和技术资源。

② 申请认证的覆盖的产品或服务范围。

③ 法人营业执照复印件，必要时提供资质证明、生产许可证复印件。

④ 咨询机构和咨询人员名单。

⑤ 最近一次国家产品质量监督检查情况。

⑥ 有关质量体系及活动的一般信息。

⑦ 申请人同意遵守认证要求，提供评价所需要的信息。

⑧ 对拟认证体系所适用的标准及其他引用文件说明。

（2）认证中心根据申请人的需要提供有关公开文件。

（3）认证中心在收到申请方申请材料之日起，经合同评审以后30天内做出受理、不受理或改进后受理的决定，并通知委托方（受审核方），以确保以下事项：

① 认证的各项要求规定明确，形成文件并得到理解；

② 认证中心与申请方之间在理解上的差异得到解决；

③ 对于申请方申请的认证范围、运作场所及一些特殊要求，如申请方使用的

语言等，认证机构有能力实施认证；

④ 必要时认证中心要求受审核方补充材料和说明。

（4）双方签订"质量体系认证合同"。当某一特定的认证计划或认证要求需要做出解释时，由认证中心代表负责按认可机构承认的文件进行解释，并向有关方面发布。

（5）对收到的信息将用于现场审核评定的准备。认证中心承诺保密并妥善保管。

2. 现场审核前的准备

（1）在现场审核前，申请方按 ISO9000 标准建立的文件化质量体系运行时间应达到 3 个月，至少提前 2 个月向认证中心提交质量手册及所需相关文件。

（2）认证中心准备组建审核组，指定专职审核员或审核组长作为正式审核的一部分对质量手册审查，审查以后填写"质量手册审查表"通知受审核方，并保存记录。

（3）认证中心应准备在文件审查通过以后，与受审核方协商确定审核日期并考虑必要的管理安排。在初次审核前，受审核方应该最少提供一次内部质量审核和管理评审的实施记录。

（4）认证中心任命一个合格的审核组，确定审核组长、组成审核组代表认证中心实施现场审核。

① 审核组成员由国家注册审核员担任。

② 必要时聘请专业的技术专家协助审核。

③ 审核组成员、专家姓名。

由认证中心提前通知受审核方并提醒受审核方对所指派审核员和专家是否有异议。如以上人员与受审核方可能发生利益冲突时，受审方有权要求更换人员，但必须征得认证中心的同意。

（5）认证中心正式任命审核组，编制审核计划，审核计划和日期应得到受审核方的同意，必要时在编制审核计划之前安排初访受审核方，察看现场，了解特殊要求。

3. 现场审核

审核依据受审核方选定的认证标准，在合同确定的产品范围内审核受审核方的质量体系，主要有以下程序。

（1）召开首次会议。

① 介绍审核组成员及分工。

② 明确审核目的，依据文件和范围。

③ 说明审核方式，确认审核计划及需要澄清的问题。

（2）实施现场审核。收集证据对不符合项写出不符合报告单。对不符合项类型评价的原则有以下几项。

① 严重不符合项主要指：质量体系与约定的质量体系标准或文件的要求不符；造成系统性区域性严重失效的不符合或可造成严重后果的不符合，可直接导致产品质量不合格。

② 轻微的（或一般的）不符合项主要指：孤立的人为错误；文件偶尔未被遵守造成后果不严重，对系统不会产生重要影响的不符合等。

（3）审核组编写审核报告做出审核结论，其审核结论有三种情况。

① 没有或仅有少量的一般不符合，可建议通过认证；

② 存在多个严重不符合，短期内不可能改正，则建议不予通过认证；

③ 存在个别严重不符合，短期内可能改正，则建议推迟通过认证。

（4）向受审核方通报审核情况、结论。

（5）召开末次会议，宣读审核报告，受审核方对审核结果进行确认。

（6）认证中心跟踪受审核方对不符合项采取纠正措施的效果。

4. 认证批准

（1）认证中心对审核结论进行审定、批准，自现场审核后 1 个月内最迟不超过 2 个月通知受审核方，并纳入认证后的监督管理。

（2）认证中心负责认证合格后注册登记颁发由认证中心总经理批准的认证证书，并在指定的出版物上公布质量体系认证注册单位名录。

公布和公告的范围：认证合格企业名单及相应信息（产品范围、质量保证模式标准、批准日期、证书编号等）。

（3）对不能批准认证的企业，认证中心要给予正式通知，说明未能通过的理由，企业再次提出申请，至少需 6 个月后才能受理。

5. 认证范围和认证标准的变更

（1）获证企业若需扩大或缩小体系认证范围时，由获证方提出书面申请，提出以扩大或缩小认证范围相应的质量手册，由合同管理部审查接受后，需扩大认证范围的签订扩大认证范围合同，需缩小认证范围的，办理原合同更改手续。现场审核时将负责审核扩大认证范围相关要素和部门、生产车间，具体实施按《质量体系认证（审核）实施与控制程序》进行。审核通过后，给予更换认证证书，证书内更改覆盖范围，注明换证日期，但证书有效期不变。

（2）获证企业需变更体系认证标准时（主要指认证标准由 GB/T 19002—1994idt ISO9002：1994 改为 GB/T 19001—1994idt ISO9001 或 GB/T 19003—1994idt ISO9003：1994 改为 GB/T 19002—1994idt ISO9002：1994）须由获证方提出书面申请，并提供与认证标准相适应的质量手册。现场审核员审核认证标准变更的要素及相关部门，具体实施按《质量体系认证（审核）实施与控制程序》进行，审核通过后给予更换认证证书，更改认证标准，注明换证日期，但证书有效期不变。

二、质量管理体系的维护

1. 质量管理体系的维护

（1）管理评审，站在战略的角度对质量管理体系的运行进行审核、效果确认，并作出适当的调整。

（2）体系内审，一般情况下一年一次，总体得审视整个体系运行情况，找出问题点，进行改善。

（3）体系三方外审，一般情况下一年一次，总体得审视整个体系运行情况，找出问题点，进行改善。

（4）日常工艺纪律检查，质量管理部门牵头，找出问题点，进行改善。

（5）过程审核和产品审核，从另一个方向体现体系的运行情况，找出问题点，进行改善。

（6）客户审核和产品认证等，从另一个方向体现体系的运行情况，找出问题点，进行改善。

2. 质量管理体系的改进

"持续改进"是质量管理体系的精神，是指增强满足要求的能力的循环活动，它要求组织不断寻求改进的机会，以改善产品的特性和提高用于生产或交付产品的过程的有效性和效率。改进措施可以是日常的改进活动，也可以是较重大的改进项目。组织应对以下 5 项活动进行策划和管理，以持续改进质量管理体系的有效性。

（1）评审质量方针：组织可通过更新和实施新的质量方针来激励员工不断努力，营造一个不断改进的气氛与环境。

（2）评审质量目标，明确改进方向。

（3）对现有过程的状况（包括已发生的和潜在的不合格），进行数据分析和内部审核分析，确定改进的方案，不断寻求改进的机会。

（4）实施纠正和预防措施以及其他适用的措施，实现持续改进。

（5）组织管理评审。

该体系的维护始终是遵循 PDCA 运行模式的。

三、质量管理体系审核

质量体系审核在体系建立的初始阶段往往更加重要。在这一阶段，质量体系审核的重点，主要是验证和确认体系文件的适用性和有效性。

1. 审核与评审的主要内容

审核与评审主要包括以下内容。

（1）规定的质量方针和质量目标是否可行。

（2）体系文件是否覆盖了所有主要质量活动，各文件之间的接口是否清楚。

（3）组织结构能否满足质量体系运行的需要，各部门、各岗位的质量职责是否明确。

（4）质量体系要素的选择是否合理。

（5）规定的质量记录是否能起到见证作用。

（6）所有员工是否养成了按体系文件操作或工作的习惯，执行情况如何。

2. 质量体系审核的特点

质量体系审核具有以下特点。

（1）体系正常运行时的体系审核，重点在符合性，在试运行阶段，通常是将符合性与适用性结合起来进行。

（2）为使问题尽可能地在试运行阶段暴露无遗，除组织审核组进行正式审核外，还应有广大员工的参与，鼓励他们通过试运行的实践，发现和提出问题。

（3）在试运行的每一阶段结束后，一般应正式安排一次审核，以便及时对发现的问题进行纠正，对一些重大问题也可根据需要适时地组织审核。

（4）在试运行中要对所有要素审核覆盖一遍。

（5）充分考虑对产品的保证作用。

（6）在内部审核的基础上，由最高管理者组织一次体系评审。

应当强调，质量体系是在不断改进中加以完善的，质量体系进入正常运行后，仍然要采取内部审核、管理评审等各种手段以使质量体系能够保持和不断完善。

ISO9000 质量体系对班组的要求

一、ISO9000 对普通员工的要求

ISO9000 系列标准实际上是对原来全面质量管理研究成果的标准化。全面质量管理（TQM）为 ISO9000 标准产生奠定了基础，同时，ISO9000 标准又是 TQM 不断深化的基础。反之，TQM 的不断深化，也能促进 ISO9000 标准的深入发展。

因此，TQM 与 ISO9000 标准是互为基础，同时又是互相促进、不断深化的关系。只要能将两者结合好，就一定可以做到通过 TQM 活动的开展以推进企业按 ISO9000 标准建立质量体系，通过 ISO9000 质量体系的建立以巩固 TQM 活动的成果。

（1）了解并理解公司的质量方针和目标。

（2）熟悉本人的岗位职责。

（3）熟悉从事工作所依据的指南文件。

（4）熟悉工作中需做的质量记录。

（5）熟悉工作依据的规范、程序。

（6）熟悉岗位工作的工具、设备。

（7）熟悉工作中质量信息传递的途径。

（8）熟悉本组织的质量组织（质量责任人、管理者代表）。

（9）了解实施 ISO9000 标准的目的以及所实施标准的基本知识。

二、班组长在 ISO9000 质量认证中的主要工作

班组长在 ISO9000 质量认证中的主要工作包括以下内容。

（1）参加 ISO9000 标准的学习，并在班组组织相关知识培训教育。

（2）与有关管理人员、技术人员、操作人员一起，制订包括岗位职责、任务描述、业务要求和素质情况表、业务培训计划、文件培训证实记录、程序文件和工作指导书、文件清单、质量记录清单、检测器具清单等一系列文件。

（3）将实际情况与制定的标准对比，及时采取整改措施。

（4）加强基本功训练，认真落实"三按""三自""一控""三分析活动"。

"三按"——按图样、按标准、按工艺要求进行生产。

"三自"——自己生产的产品要自检、不合格品自觉打出、自己做好各项标识。

"一控"——自控准确率达到100%。

"三分析"——当问题出现，班组长要及时组织召开质量分析会，分析质量问题的危害性、分析其产生原因、分析应采取的措施。

（5）不断寻找问题点，提出改进课题。

（6）组织开展QC小组活动，在小组中发挥作用。

（7）落实质量管理点活动。

（8）落实质量责任制，开展评比活动。

（9）不断改善质量管理工作。

第八章

积极参与质量改进

质量改进是企业解决系统性问题，对现有质量水平在控制的基础上加以提高，使质量达到一个新水平、新高度。卓越班组长要与时俱进，思想与技术水平跟企业发展水平同步，甚至超越企业发展水平。

/ # 质量改进与质量控制的区别

一、质量改进的概念

1. 质量改进的含义

质量改进（Quality Improvement）为向本企业及其客户提供增值效益，在整个企业范围内所采取的提高活动和过程的效果与效率的措施。质量改进是消除系统性的问题，对现有的质量水平在控制的基础上加以提高，使质量达到一个新水平、新高度。

2. 质量改进的意义

质量改进有两方面的作用：一方面，出现了问题，就应立即采取纠正措施；另一方面，通过寻找改进的机会，也可以预防问题的出现。作为质量管理的重要内容，质量改进的重要意义包括以下几方面。

（1）质量改进具有很高的投资收益率。

（2）可以促进新产品开发，改进产品性能，延长产品的使用寿命。

（3）通过对产品设计和生产工艺的改进，更加合理、有效地使用资金和技术力量，充分挖掘企业的潜力。

（4）提高产品的制造质量，减少不合格品的出现，实现增产增效的目的。

（5）通过提高产品的适用性，从而提高企业产品的市场竞争力。

（6）有利于发挥企业内各部门的质量职能，提高工作质量，为产品质量提供强有力的保证。

二、质量改进与质量控制的区别

1. 质量改进与质量控制

质量控制与质量改进是不同的，主要有以下区别和联系。

（1）二者的区别。GB/T 19000—2008 标准对质量改进与质量控制的定义分别为：①质量改进是质量管理的一部分，致力于增强满足质量要求的能力；②质量控制是消除偶发性问题，是产品质量保持规定的水平，即质量维持；而质量改进是消除系统性的问题，对现有的质量水平在控制的基础上使质量水平得到提高，使质量达到一个新的水平、新的高度。

（2）实现手段的区别。质量改进是通过不断采取纠正和预防措施来增强企业的管理水平，使产品的质量不断提高；而质量控制主要是通过日常的检验、试验调整和装备必要的资源，使产品质量维持一定的水平。

（3）两者之间的联系。质量控制与质量改进是相互联系的。质量控制的重点是防止差错或问题的发生，充分发挥现有的作用，而质量改进的重点是提高质量保证能力。首先，要搞好质量控制，充分发挥现有控制系统能力，使全过程处于受控状态。然后，在控制上进行质量改进，使产品从设计、制造、服务到最终满足客户的要求，达到一个新水平。没有稳定的质量控制，质量改进的效果也无法保持。

2. 质量改进与质量突破

质量改进与质量突破是密不可分的，同时两者之间又有区别。

（1）质量改进与质量突破的目的相同。质量突破是通过消灭工作水平低劣的长期性原因（包括思想上的和管理上的原因），使现有的工作达到一个较高的水平，从而使产品质量也达到较高的水平；质量改进也是为了实现质量水平的提高。

（2）质量突破是质量改进的结果。质量突破的实现表明产品的质量水平得到了提高，它是通过日常许多大大小小的质量改进来实现的。只有不断实施持续的质量改进，才能使产品质量水平提高，才能实现质量突破。

（3）质量改进侧重过程，质量突破侧重结果。质量改进是一个过程，按PDCA循环进行，由于种种原因，每次改进质量的活动不一定都能取得良好的效果，产品质量的水平一定都能得到提高；质量突破则表明产品质量水平得到了较大的提高，并取得良好的效果。

第二节 / 质量改进的方法、步骤和工具

一、质量改进的工作方法

质量改进的基本工作方法是 PDCA 循环，本节将重点讨论 PDCA 循环在质量

改进中的应用。

1. PDCA 循环在质量改进中的应用

通常 PDCA 循环具有"4 个阶段、8 个步骤"。应当注意，PDCA 循环的工作程序应用不是僵死的，4 个阶段必不可少，但具体的工作步骤应根据工作项目的规模、特点、难度及实施的方法而确定，所谓 8 个步骤，是对一般情况的概括总结。PDCA 循环在质量改进中应用的 4 个阶段的主要内容如下。

（1）第一阶段：策划。策划阶段要完成制订方针、目标、计划书和各项的管理项目等。通常经过以下 4 个步骤完成任务。

① 现状调查（认识问题的特征）。要求从不同的角度、以不同的观点去广泛而深入地进行调查研究，以全面认识问题的特征。只有深刻认识问题的实质，才有可能制订正确的决策和策划切实可行的解决问题的措施计划。其调查要求如下所示。

a. 调查应具有时间、地点、类型、症状 4 个要点，以便发现问题的特征。

b. 应从不同的着眼点进行调查，以发现问题变化的状况。

c. 要到问题的现场去收集数据，以及各种必要的信息。

其调查的内容包括以下几方面。

a. 问题的背景及经历的过程，通过对问题历史状况及现状的调查、研究，分析、明确问题主要表现在哪些方面，当调查涉及很多方面的类型时，为有效地解决问题，应该把问题分解为几个方面分别进行策划。

b. 对调查的结果（主要问题）要用具体的词语把不良的结果表达出来，要展示出不良结果所导致的损失，以及应改进到什么程度，使员工了解改进的意义，取得共识，并努力实施改进措施。

c. 要确定调查的目标，但必须说明确定目标的依据，不合理的目标是不可能达到或毫无意义的。

② 原因分析。解决问题的线索就在问题中，当人们从不同角度对问题进行调查时，其不良结果被发现，就是问题的特点、特征或特性，这就是解决问题的线索。理由很简单，这些结果是受到某些因素的影响才发生变化的，当人们把这种因果关系确定以后，就会得到解决问题的途径。

原因分析可以应用因果图、因素展开型系统图、关联图等工具，但无论应用哪一种工具都应努力做到尽可能找到影响问题的全部潜在原因。

③ 要因确认。朱兰博士在移植帕累托原理时，提出一个著名的论断，实际上就是解决质量问题的技巧。任何质量问题，就其影响因素而言是很多的，但在诸多原因中总会有少数原因对质量问题起着决定性的作用，被称为"关键的少数"。抓住关键的少数原因去采取措施，质量问题会在很短的时间内得到很大

程度的解决，可以做到以最少的投入取得最佳改进效果。在诸多影响因素中主要原因总是少数，所以最终确认的主要原因的数量越少越好，但关键的是要准确的确认。

任何组织（单位或部门）的人力、物力、财力都是有限的，如果针对所有的原因去采取措施，造成力量分散，其结果是"欲速则不达"。在确定主要原因时，应避免采用"举手表决"的方式，这种方法不能保证科学上的正确性。统计技术为人们提供了很多有效的工具，如排列图、矩阵图、散布图，方差分析、回归分析、实验设计和析因分析等。即使经验论证方法，也有一整套科学的论证方法。在没有任何数据分析的情况下，所确定的原因和以此而采用的措施，往往会与预期的效果相反，达不到解决问题的目的。

④ 制订对策。针对确定的主要原因，制订有效的解决措施，应形成一个改进计划提供质量改进过程中去实施。必要时，应从经济的角度对质量改进提出一份概算，以便评价质量改进过程的增值效果。计划书的内容应包括"5W1H"，即提出质量改进的必要性、目的、措施、执行部门或人员、执行地点及完成日期等。制订措施计划的目的是消除影响质量问题的主要原因。制订措施计划时应考虑以下几个方面的问题。

a. 解决问题的措施与以后为巩固成果所采取的措施有不同点，应加以区分。

b. 所采取的措施应充分考虑是否会产生其他问题，有无副作用。若预料可能会产生其他问题，制订消除副作用的措施。

c. 对所制定的措施，要检查其有利及不利之处，应选择团队全体成员一致同意的措施。通常制订措施计划大多采用对策表的方式，但在具备条件的情况下也可采用矢线图法（网络计划）或 PDPC 法（过程决策程序图法）等工具。

（2）第二阶段：实施。措施计划的实施并不是简单的执行，而是工作量极大的一个工作过程。措施计划的实施应包括执行、控制和调整 3 部分内容。

① 执行。措施计划是经过充分调查研究和精心策划而制订的，原则上应当是切实可行的。所以，主观上应努力做到严格按措施计划去执行。

② 控制。在措施计划执行的过程中，应采取必要的控制措施，如人力、物力、财力的保证和各部门协调一致的工作等，以控制实施过程按预定程序正常进行。

③ 调整。在实施过程中当原定措施计划由于受到因素、条件的变化而无法执行时，必须及时对原定措施计划进行调整。

应注意，调整是指对原定措施计划的工作内容进行调整，调整后的措施计划依然应确保预定目标的实现。因此，当措施计划调整后必须验证新制订的措施计划能否保证预定目标的实现。

（3）第三阶段：检查。检查阶段的工作内容是检查措施计划的实施效果，如希望的结果（问题）减少到什么程度，目标值实现的状况等。检查必须是明确的，往往要采取对比的手法，如排列图、柱状图、波动图，以及其他描述性统计方法对措施计划实施前后状况的对比。之所以强调要应用这些方法，就是为实现用数据说话的原则。另外，对检查阶段也提出以下基本要求。

① 要用同一种方法（图、表）对比措施计划实施前后的状况变化，会具有很强的说服力。

② 采用经济价值表达改进的效果，对管理层尤为重要。

③ 所有的相关效果无论其大小如何，均应一一列出。

④ 若检查的效果不如预料的令人满意，或者未能实现目标值，则应重新回到现状调查的步骤，再从头开始。

（4）第四阶段：总结。总结阶段包括采取巩固措施和寻求遗留问题 2 个步骤，这两个步骤起到承上启下的作用，所以在 PDCA 循环中是最关键的步骤。采取巩固措施的目的是防止已解决的质量问题发生。其理由如下。

① 没有巩固措施的标准化，已解决的质量问题会重新回到解决前的状况，导致同一质量问题反复发生。

② 没有巩固措施的标准化，新的人员（新雇员或新转岗人员）在工作中会重新发生过去已发生的质量问题。

采取巩固措施的基本要求如下。

① 措施计划是按 5W1H 设计的，如果是成功的措施，就将其纳入标准（技术标准、管理标准、工作标准和各种规程）。

② 标准的修订一定要按企业文件管理的程序进行，要有标准化的通报工作。

③ 对新标准要建立主要责任制，以便检查新标准能否得到贯彻。

④ 对新标准要组织相关人员的培训教育。

寻求遗留问题的目的是促使 PDCA 循环继续下去，实现持续质量改进。寻找遗留问题的主要方法包括以下几种。

① 根据已取得的效果，估量还存在什么问题需要继续解决。

② 计划还应当继续做些什么工作去解决问题（制订新的措施计划）。

③ 总结前面的工作，什么事情干得好、什么事情干得不好，对解决质量问题的本身进行反思性思考，有助于提高以后工作的质量。

2. PDCA 循环在质量改进中应用的特点

（1）4 个阶段是非常重要的主程序，一个阶段都不能少，而对 8 个步骤不要刻意去追求，应按实际情况确定。

（2）大环套小环，小环保证大环。在 PDCA 循环的某一阶段也会存在现状调查、制定措施、落实计划、检查实施进度及效果和阶段性小结等小 PDCA 循环。

（3）每经历一个阶段，产品质量或工作质量就会提到一个新的水平，所以 PDCA 循环的连续不断上升就是持续的质量改进过程。

（4）4 个阶段中的总结阶段起到承上启下的作用，促进 PDCA 循环的连续运转，所以是最关键的阶段。

（5）PDCA 循环强调抓主要矛盾。

（6）PDCA 循环的全过程具有很强的逻辑性，PDCA 循环的逻辑性见表 8-1。

表 8-1　PDCA 循环的逻辑性

阶　　段	步　　骤	工 作 内 容
P	现状调查	确定存在的主要问题
	原因分析	针对问题找出所有潜在的原因
	要因确认	从全部潜在原因中确定主要原因
	制订对策	针对主要原因制订措施、计划
D	实施对策	实施措施、计划
C	效果检查	检查实施效果
A	巩固措施	将有效措施标准化
	遗留问题	找出工作中遗留的问题

二、质量改进的工作流程

质量改进的工作流程如图 8-1 所示。

三、质量改进的具体步骤

应该说，PDCA 循环已经给出了质量改进的基本步骤，但在具体的质量改进应用中，其具体步骤还要针对质量改进项目的具体情况确定。

1. 选择课题

任何组织需要进行质量改进的项目会有很多，所涉及的方面可能会包含质量、成本、交货期、安全、环境和客户满意度等。选择课题时，应同时围绕降低不合格品率、降低成本、保证交货期、提高产品可靠性（降低失效率）、减少环境污染、改进工艺规程、减轻员工的劳动强度、提高劳动生产率和提高顾客满意度等几个方面来选择。

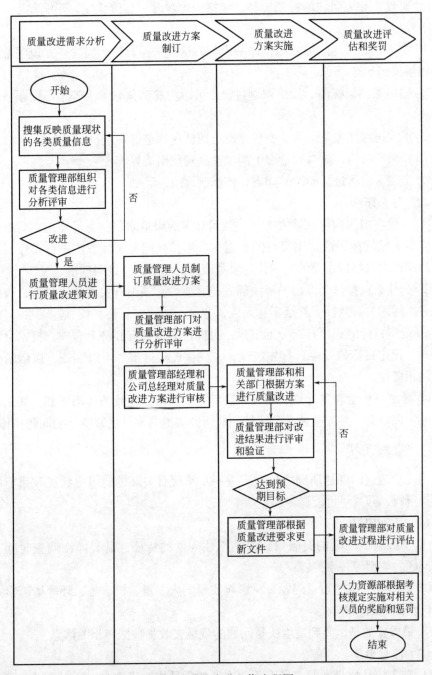

图 8-1　质量改进工作流程图

（1）活动内容。

① 应明确需要解决的问题的重要程度。

② 要收集有关问题的背景资料，包括历史状况、目前状况、影响程度（危害性）等。

③ 将不尽如人意的地方用具体的语言表达出来，有什么损失，并说明希望问题具体解决到什么程度。

④ 确定课题目标值。如果课题过大，可以将其细化分解为若干小课题，逐一去解决。

⑤ 正式选定任务负责人。若成立改进团队应确定课题组长及成员。

⑥ 如果有必要，应对质量改进活动的经费作出概算。

⑦ 拟定质量改进活动的时间表，初步制订改进计划。

（2）注意事项。

① 一般在组织内存在着大大小小数目众多的质量问题，为了确定主要质量问题，应最大限度地灵活运用现有的数据，应用排列图等统计方法进行排序，从诸多质量问题中选择最主要的问题作为质量改进的课题，并说明理由。

② 为什么选择这个课题，解决问题的必要性必须向有关人员说清楚，否则会影响解决问题的有效性，甚至半途而废，劳而无功。

③ 设定目标值必须有充分的依据，目标值应当具有经济上合理、技术上可行的特点。设定目标值既要具有先进性，又要保证经过努力可以实现，以激励团队成员的积极性。

④ 要制订质量改进计划，明确解决问题的期限。预计的效果再好，如果没有具体的实现时间，往往会被拖延，被一些所谓"更重要、更紧急"的问题挤掉。

2. 掌握现状

当质量改进的课题明确之后，应进一步掌握有关课题的历史状况和目前状况等背景资料，并应尽可能详尽。

（1）活动内容。

① 掌握解决问题的突破口，必须抓住问题的特征，需要详细调查时间、地点、问题的类型等一系列特征。

② 针对要改进的质量问题，从影响质量的人、料、机、法、环等诸因素入手进行广泛深入的调查。

③ 最重要的是，要到发生质量问题的现场去收集数据和相关信息。

（2）注意事项。

① 首先应从质量问题本身入手调查，如质量特性值的波动幅度及影响因素的状态等。

质量特性值的波动幅度与影响因素之间存在着相关关系，这就需要应用统计技术（如回归分析、实验设计、析因分析等），定性或定量地掌握这种关系，这是把握问题主要影响因素的最有效的办法。而观察问题的最佳角度将随问题的不同而不同，无论什么问题，必须从时间、地点、类型、特征者4个方面去调查。

a. 时间，如早晨、中午、晚间的不合格品率什么差异；周一至周五，以及双休日或休假前后的情况下，每天的不合格品率有什么变化，当然，还可以从周、月、季或年度等不同角度观察结果。

b. 部位，从发生不合格品的部出发去了解质量问题是非常必要的。从零部件的上部、下部、侧面和零部件的结构等方面析不合格情况，并采取位置调查表描述。例如，烧制品在窑中的不同位置（窑口、视窗炉壁附近、炉壁中央等）。还可以依照方位（东、南、西、北、中）、高度（顶部、底部）等不同角度，也可以从产品的几何形状和尺寸大小，以及复杂程度等方面分析不合格品率状况。

c. 类型，是指对产品不同类型的调查情况。同一企业生产的不同类型的产品，不合格率有没有明显的差异、过去生产的同类型产品的不合格品率有没有显著差异。

d. 特征，从产品的不合格特征入手进行调查。以针孔（细小的气孔）为例，发现针孔的状是圆形、椭圆形，带角的还是其他形状的，大多数针孔的排列有没有特征（是壁纸排列、水平排列，还是弯曲排列；是连续的，还是间断的等），再加上针孔的大小、深浅，以及在何种情况下发生，是全部还是在特定位置上，以及针孔附件的颜色，有无异物等。

② 虽然强调要从时间、地点、类型、特征4个方面进行调查，但并不是说只要在这个方面调查清楚，问题就可以解决了，还必须考虑是否应从其他方面进行调查。

③ 取得量化的数字数据，通过统计方法的应用，掌握质量变异的规律，对解决质量问题是非常重要的。但是，在某些情况下，难以取得量化的数字数据，而获得的大量定性语言、问题资料（非数字数据）也不可忽略。此时，应用非数字统计方法进行综合分析，往往也会取得良好的效果。

3. 分析影响质量问题的因素

（1）活动内容。分析产生质量问题的原因，一般是首先设立假说，然后去验证假说是否正确。

① 设立假说。尽可能多地设想可能会影响质量问题的原因。

a. 尽可能全地收集关于生产质量问题的全部潜在原因，越多越好。

b. 运用"掌握现状"阶段所掌握的信息，清除已被认为无关的因素，重新整理余下的所有因素。

② 验证假说。从已设定的诸因素中确定主要原因。

a. 收集新的数据或证据，制订计划来确认各原因对质量问题的影响程度。

b. 综合分析所获得的全部数据和信息，确定影响质量的主要原因。

c. 在条件允许的情况下，应对以上过程反复进行。

（2）注意事项。无论是假说还是验证，均应采用一系列科学方法，不能凭空论证。在质量改进过程中若是只有改进的操作人员甚至少数人讨论，拟定对质量问题的影响因素，往往会得到错误的结论。查明产生质量问题的原因，需要有充分的理由，并应用统计技术对数据和信息进行综合分析或到现场来验证假说的正确性。有时很容易将"设立假说"与"验证假说"混为一谈。验证假说是不能用设立假说的材料，需要用新的数据或信息来验证。要有计划、有依据地运用统计技术中的相关统计方法进行验证。

① 因果图、排列图、关联图等工具是建立假说的有效方法，图中所能列出的因素都被假设为产生质量问题的原因。

a. 图中列出的所有影响因素均应尽可能用通俗、简明的语言（文字）具体表达出来。对所有认为可能的原因都应进行调查，当然这样做可能会降低工作效率，必要时可以根据收集的数据削减影响因素的数目。重要的是充分利用"掌握现状"阶段得到的数据和信息进一步分析，根据各因素对质量问题的影响程度进行排列。

b. 正确、有效地应用统计方法是非常必要的，然而更重要的不是方法本身，而是分析过程是否正确。

② 验证假说必须根据重新实验和调查所获得的数据有计划地进行。

a. 验证假说是核实原因与结果之间的关系是否密切。通常使用排列图、散布图及相关分析和回归分析、假设检验和方差分析等统计方法。切忌采用"举手表决""少数服从多数"的主观意识决定的方法。事实证明，即使是全员通过的意见也可能是错误的。

b. 影响质量问题的原因往往是很多的，但其中起着决定性作用的总是少数（关键的少数）。所以，对全部原因都去采取措施既不现实也没有必要。通过论证找出关键的少数原因采取措施，会取得以最少的投入，得到最佳改进效果的良好效果。

c. 利用质量问题的再现性来验证影响因素的方法要慎重采用。某产品采用非标准件组装而产生了不合格品，并不能证明采用非标准件就是产生不合格品的原因。再现的质量问题必须与"掌握现状"时查明的问题相一致，"具有同样的特征"。有意识地再现质量问题是假说的验证手段，但必须要考虑到人力、时间经济性等多方面的制约条件。

4. 制订对策计划并实施

通过充分调查研究和分析，产生质量问题的主要原因明确了，就要针对主要原因制订对策计划并加以实施。

（1）活动内容。

① 将现象的排除（应急对策）与原因的排除（永久对策）严格加以区分。

② 尽可能防止某一项对策产生副作用（并发其他质量问题），若产生副作用，应同时考虑采取必要的措施消除副作用。

③ 应准备若干个对策方案，根据各自的利弊，通过方案论证选择最有利于解决质量问题并且能被大家接受的方案。

（2）注意事项。

① 采取的对策会有排除现象的应急对策和排除原因的永久对策。通过返工返修使不合格品转变为合格品，只能是应急对策，不能防止不合格品的再次发生，要解决不合格品不再发生，必须采取消除产生质量问题的根本原因的永久对策。

② 采取对策后，由于产品质量特性之间的相互关联性，常会引起其他质量问题的发生（称之为副作用）。为此，应在采取措施前，从多方面考虑，对措施进行彻底而广泛的评价。

③ 采取对策过程中应保证各相关方面协调一致地工作。采取的对策有可能带来许多工序的调整和变化，此时应尽可能多方面地听取有关人员的意见和想法。

④ 采取的对策应当从经济上合理、技术上可行的几个方案中，经过论证择优选取。

5. 确认效果

对质量改进的效果应正确对待，往往会由于失误，误认为质量问题已经解决，从而导致同一质量问题的反复发生。当然，若不能确认有效的质量改进效果，也会挫伤持续质量改进的积极性。

（1）活动内容。

① 确认质量改进的效果应采用与现状分析相同的方法，将实施对策前后的质量特性值、成本、交货期、客户满意度等指标做成对比性图表加以观察和分析。

② 若质量改进的目标是降低质量损失或降低成本，应将特性换算为货币形式表达并与目标值相比较。

③ 对质量改进后取得的各种效果应一一列举。

（2）注意事项。

① 质量改进效果的确认应当是在何种程度上防止了质量问题的再次发生。用于显示改进前后的对比性图表应前后一致，这样会更加直观，具有很强的可

比性。

② 对于企业的经营管理者而言，将质量改进的效果用货币的方式表达是非常必要的。通过质量改进前后的对比，能让经营管理者认识到该项工作的重要性。

③ 当采取对策后没有达到预期的效果时，应首先确认是否严格按照对策计划去实施，若确实是，则意味着对策失败，应重新回到"掌握现状"阶段。当没有达到预期效果时，应从以下两方面考虑。

a. 是否严格按对策实施了。实施过程往往会发生的问题是：对质量改进的必要性认识不足；对采取的对策未能正确传达到执行者；没有经过必要的培训教育，对应采取的对策理解有误；实施过程中的领导、组织各方面的协调不够充分；提供资源不充分等。

b. 制订的对策计划本身存在问题，往往有以下几个方面：现状调查不充分，没有把握准；获得的信息有误或制订者的知识不足，导致对策计划失误；对实施后的效果预测有误，目标值制订不准确；对自己的能力认识不足等。

6. 对验证有效的巩固措施标准化

经过验证，确实有效的措施要进行标准化，纳入质量文件，防止同类质量问题再次发生。

（1）经确认的人、机、料、法、环等方面的有效措施将其标准化，制定成工作标准。

（2）进行有关新标准的文件准备和宣贯。

（3）组织培训教育，要求所有相关人员对新标准要正确理解和坚决执行。

（4）建立保证严格执行新标准的质量经济责任制。

注意，为防止同类质量问题的再次发生，对确认有效的纠正和预防措施必须进行标准化，其原因如下所示。

（1）没有标准的制约，质量问题依然会再次发生。

（2）没有明确的标准，新来的员工在作业中很容易出现同样的质量问题。

（3）标准化工作并不是制定几个标准就可以完成，必须使标准成为制约员工行为的文件。为了贯彻实施标准，必须对员工进行相关知识和技术的培训教育。

7. 总结

对改进效果不显著的措施及改进过程中发现的新问题，应进行全面的总结，为推动 PDCA 循环的持续运转（即持续质量改进）提供依据。

（1）活动内容。

① 应用对比排列图等工具，找出本次循环的遗留问题，作为下一轮 PDCA 循环要解决的问题。

②考虑为解决这些问题，下一步应当怎样做。

③总结本次循环中出现的问题，下一步应当怎样做。

（2）注意事项。

在质量、成本、交债期、安全、客户满意度、激励和环境等方面的质量改进活动中，实现不合格品率为零或经一个循环的改进即能达到甚至超过国际先进水平往往是不可能的。因此，质量改选活动随长期持久地开展下去。开始时就定下一个期限，到期限就应当总结，哪些完成，哪些未完成，完成到什么程度，都要及时总结，然后进入轮下一轮 PDCA 循环。还应制订解决遗留问题的下一步行动方案和初步计划。

参 考 文 献

［1］ 杨剑. 优秀班组长现场管理. 北京：中国纺织出版社，2013.

［2］ 丁宁. 质量管理. 北京：北京交通大学出版社，2013.

［3］ 黄维民. 企业质量成本控制方法与实践. 北京：中国标准出版社，2009.

［4］ 李明荣. 质量管理. 北京：科学出版社，2011.

［5］ 肖智军，党新民. 现场管理实务. 广州：广东经济出版社，2001.

［6］ 王铎，肖彬. 生产运作规范化管理文案. 北京：经济科学出版社，2005.

［7］ 陈仲华，李景元. 现代企业现场管理运作实务. 北京：中国经济出版社，2003.

［8］ 潘林岭. 新现场管理实战. 广州：广东经济出版社，2003.

［9］ 李广泰. 生产现场管控. 深圳：海天出版社，2005.

［10］ 李景元. 现代企业现场管理. 北京：企业管理出版社，2001.

［11］ 杨剑等. 班组长现场管理精要. 北京：中国纺织出版社，2006.

［12］ 邱绍军. 现场管理36招. 杭州：浙江大学出版社，2006.

［13］ 胡俊睿，黄英. 金牌班组长现场管理. 广州：广东经济出版社，2009.

［14］ 李广泰. 杰出班组长. 深圳：海天出版社，2013.

［15］ 杨剑. 班组长实用管理手册. 广州：广东经济出版社，2013.

［16］ 杨剑. 班组长实用现场管理. 广州：广东经济出版社，2013.